JN269534

子どもと大人のための臨床心理学

山口勝己・鈎 治雄・久野晶子・高橋早苗・李 和貞 編著

北大路書房

まえがき

　本書『子どもと大人のための臨床心理学』は，子どもたちや大人が抱えるさまざまな心理的諸症状について，心理臨床の視点から書き綴った学生のための入門書である。

　本書の特徴は，第1に，子どもや大人が抱える心理的諸症状の特徴と，それらを援助するための心理技法や専門機関の現状について，原則として，見開き2ページの形式で，どこからでも読み進めることができるように，工夫を凝らしている点にある。

　第2の特徴は，さまざまな心理的症状について，子どもと大人という視点から，わかりやすく言及している点にある。第2章「子どものための臨床心理学」では，乳幼児期や児童期における心理的課題を中心に，第3章「大人のための臨床心理学」では，青年や成人，高齢者が抱える心理的諸症状の特徴について触れている。また，第4章「心の理解と支援のための心理臨床」では，子どもと大人の支援のための心理技法や相談機関の現状について紹介している。

　もう1つの特徴は，第1章「臨床心理学を学ぶ」で，ライフサイクルやポジティブ心理学の視点から，臨床心理学の今日的課題について考察を行なっている点にある。

　本書の執筆には，現在，社会の第一線で活躍している若手の臨床心理士や，研究者の方々に加わっていただいた。若い臨床家の方々が，さらに研鑽を積まれ，臨床心理学の発展のための牽引力になっていただければ，編者として，これ以上の喜びはない。

　最後に，本書の出版を快くお引き受け下さった北大路書房社長の関一明氏に，心から感謝の意を表したい。また，本書の編集に携わってくださった北川芳美さんとは，『教育環境としての教師』（北大路書房，1997年）の刊行以来，久しぶりにお仕事をご一緒させていただいた。北川さんの誠意ある対応に，執筆者を代表して，心からお礼を申し上げる次第である。

　　　　　　　　　　　　平成24年1月2日　　　**編者代表　　鈎　治雄**

もくじ

まえがき　i

第1章　臨床心理学を学ぶ　1

第1節　臨床心理学とは　2
1．臨床心理学の定義　2
2．実践的性格と科学的性格　2
3．イギリスと日本の比較　3

第2節　臨床心理学の歩み　5
1．臨床心理学の歴史　5
2．わが国の臨床心理学の歴史　5
（1）日本精神分析学会の誕生　5／（2）カウンセリング理論の普及　6／（3）日本心理臨床学会と「心理臨床学」　7

第3節　臨床心理学の領域と方法　8
1．臨床心理学の領域　8
（1）隣接の学問に学ぶ　8／（2）臨床心理学の職務領域　9
2．臨床心理学の方法　11
（1）心理アセスメントとは　11／（2）面接法　11／（3）観察法　12／（4）検査法　12

第4節　心の問題と心理臨床　14
1．心の問題の捉えかた　14
（1）適応的基準　14／（2）価値的基準　14／（3）統計的基準　14／（4）病理的基準　15
2．病因論に基づく分類　15
（1）外因性（身体因性）　16／（2）心因性（心理・環境因性）　17／（3）内因性　18

第5節　ライフサイクルと臨床心理学　20
1．人間とライフサイクル　20
（1）乳幼児期の発達課題と心理的支援　20／（2）児童期の発達課題と心理的支援　21／（3）青年期の発達課題と心理的支援　21
2．大人のライフサイクルと心理的支援　23
（1）成人期の発達課題と心理支援　23／（2）「四苦八苦」観と心理臨床　24

第6節　ポジティブ心理学と臨床心理学　25
1．ポジティブ心理学の動向　25
（1）「病理モデル」から「幸福モデル」へ　25／（2）セリグマンの視点　26
2．「生きること」への支援と臨床心理学　27
（1）人間の可能性に目を向ける　27／（2）臨床心理学の挑戦　27

引用・参考文献　29

第2章　子どものための臨床心理学　　31

第1節　乳幼児の発達と心理臨床　32
1．生活習慣の形成にかかわる問題　32
（1）食欲不振，食欲過剰，偏食　32／（2）夜尿，頻尿　34／（3）不眠，夜驚　36
2．身体的・知的な発達における問題　38
（1）指しゃぶりと爪かみ　38／（2）音韻障害　40／（3）吃音　42
3．社会的・人格的な発達における問題　44
（1）分離不安　44／（2）愛着障害　46／（3）場面緘黙症（選択性緘黙症）　48
4．知的障害・発達障害　50
（1）精神遅滞（知的障害）　50／（2）ダウン症候群　52／（3）広汎性発達障害（レット障害）　54

第2節　児童の発達と心理臨床　56
1．身体的・知的な発達における問題　56
（1）肥満　56／（2）チック　58／（3）学業不振　60
2．社会的・人格的な発達における問題　62
（1）児童虐待　62／（2）いじめ　64／（3）不登校　66／（4）非行　68
3．知的障害・発達障害　70
（1）学習障害（LD）　70／（2）注意欠陥多動性障害（ADHD）　72／（3）広汎性発達障害Ⅰ　自閉性障害　74／（4）広汎性発達障害Ⅱ　アスペルガー症候群　76

第3節　学校生活と心理臨床　78
1．学校生活と心理臨床　78
（1）予防的教育と開発的教育　78／（2）ピア・サポート　80／（3）構成的グループエンカウンター　82／（4）キャリア教育　84
2．スクールカウンセラーと学校臨床　86
（1）スクールカウンセラーの導入と役割の拡大　86／（2）「心の専門家」としてのスクールカウンセラー　88／（3）養護教諭との連携　90／（4）学校運営とコーディネーション　92

引用・参考文献　94

第3章　大人のための臨床心理学　　99

第1節　青年期の問題と心理臨床　100
1．青年前期の臨床的問題　100
（1）高校生の不登校・中途退学　100／（2）家庭内暴力　102／（3）ニート　104
2．青年後期の臨床的問題　106
（1）スチューデント・アパシー　106／（2）モラトリアム人間　108／（3）社会的ひきこもり　110

第2節　成人期の問題と心理臨床　112
1．成人前期の臨床的問題　112
（1）マタニティ・ブルー　112／（2）職場のハラスメント　114／（3）ドメスティック・バイオレンス　116
2．成人中期の臨床的問題　118
（1）うつ病と自殺　118／（2）タイプAと過労死・燃え尽き症候群　120／（3）女性のアルコール依存症　122
3．成人後期の臨床的問題　124
（1）定年退職による心理的危機　124／（2）更年期障害　126／（3）熟年離婚　128

第3節　高齢期の問題と心理臨床　130
1．加齢による心身の発達変化　130
2．超高齢社会と認知症の問題　132
3．高齢者虐待　134

引用・参考文献　136

第 4 章　心の理解と支援のための心理臨床　　139

第 1 節　子どもの心の理解と支援のための心理技法　　140
1．子どもの心の理解のための心理技法　　140
   （1）ウェクスラー式知能検査（WISC）140／（2）文章完成法 142／（3）風景構成法 144
2．子どもの支援のための心理技法　　148
   （1）遊戯療法 148／（2）箱庭療法 150／（3）親面接 152

第 2 節　大人の心の理解と支援のための心理技法　　156
1．大人の心の理解のための心理技法　　156
   （1）エゴグラム 156／（2）ロールシャッハ・テスト 158／（3）バウムテスト 160
2．大人の支援のための心理技法　　164
   （1）来談者中心療法 164／（2）認知行動療法 166／（3）表現療法 168

第 3 節　子どもと大人の支援と諸施設　　172
1．子どもの心の支援と教育センター　　172
   （1）不登校に関すること 172／（2）いじめに関すること 173
2．子どもの心の支援と児童相談所　　174
3．子どもの心の支援と児童養護施設　　176
4．青少年の心の支援と少年鑑別所　　178
   （1）少年法 178／（2）少年鑑別所 178／（3）少年の処遇 179
5．大学生の心の支援と学生相談室　　180
   （1）学生はどんなことで悩んでいるのか 180／（2）学生相談室で行なわれていること 181
6．大人の心の支援と医療機関　　182
   （1）精神科，神経内科，心療内科の違いとその特徴 182／（2）病院とクリニックの違いとその特徴 183
7．大人の心の支援とリハビリテーションセンター　　184

引用・参考文献　　186

人名索引　　191
事項索引　　193

第1章 臨床心理学を学ぶ

　今日，心理学の研究領域は，感覚や学習，思考，認知，発達，教育，産業，社会，臨床等の分野にいたるまで広範囲に及んでいる。アメリカの心理学者ジンバルドー（Zimbardo, 1980）も指摘しているように，現代心理学の関心は，極めて幅広い分野に及んでいる点で，好奇心に溢れた包括的な学問であるといえる。中でも，臨床心理学（clinical psychology）に対しては，社会からの関心や期待も，日増しに高まりつつある。

　「臨床」とは，「病床に臨むこと」を意味する。「臨床」という言葉は，患者に対する医療行為を意味するギリシャ語のクリニコス（klinikos）に由来する。また，クリネ（kline）というギリシャ語は，「床（ベッド）」に相当する。

　古今東西を問わず，本来，人間が「病」に陥り，「死」と直面し，この世との別れや旅立ちをする際に，心の痛みに寄り添い，安らかに旅立ちを見守るという仲立ちの役割を果たしてきたのは，宗教家としての僧侶の仕事であった。そうした意味では，グリーフワーク（grief work）やターミナルケア（terminal care）の重要な担い手は，僧侶が中心であったといえる。

　しかし，近年では，時代や社会の変化とともに，様々な不安や悩みを抱える子どもや大人を援助し，「病」や「死」に直面する人々に対して心理的なサポートを行なう中心的な担い手は，心理臨床の職務に従事する臨床家であり，その役割は，ますます重要になりつつある。

第1節　臨床心理学とは

1．臨床心理学の定義

　『広辞苑（第六版）』では，臨床心理学とは，「人間の心理的障害・病理の問題を，心理学的な原理や知識を総合して解決することを図り，そのための理論および技術を研究する心理学の一分野」であると説明されている。

　鑪（2009）は，臨床心理学を，「心の問題で現実に悩み苦しんでいる人々へ，また自己啓発的なことがらについて，心理学的な知見を基にして援助しようとする技法であり，その体系であり，それに関する研究と理論を統合した学問の体系である」と定義している。

　また，米国心理学会（American psychological association：APA）では，臨床心理学を，「科学，理論，実践を統合して，人間行動の適応調整や人格的成長を促進するとともに，不適応，障害，苦悩の成り立ちを研究し，問題を予測し，そして問題を軽減，解消することを目指す学問である」と定義している（下山，2010）。

　こうした説明や諸定義からもうかがえるように，臨床心理学は，心理学の諸研究成果をふまえて，人間が抱える様々な心の問題について援助しようとする学問であるといえる。そこで，本書では，臨床心理学を，「心理学的知見や技法をふまえたかかわりを通して，子どもや大人の生き方や心の葛藤，不安，苦しみに寄り添う中で，心の豊かさを回復し，現実生活に適応できるように援助するための営み」と定義しておきたい。子どもと大人という，年齢や置かれている立場が異なる存在に対して，より適切な心理的支援を施していくことが，臨床心理学のあるべき姿でなくてはならない。

2．実践的性格と科学的性格

　臨床心理学という学問の特徴は，1つには，現実生活の中で生起する子どもや大人の不安や悩みと向き合い，それらを軽減させ，症状を和らげるという「実践的性格」を備えている点にある。今日，わが国では，臨床心理士を中心に，多くの心理臨床家が，子どもや大人が抱える様々な心理的諸問題と向き合

い，積極的な支援を行なっている。これらの臨床家は，子どもや大人の内面や主観的世界，個別の世界と向き合い，寄り添うことを通して，個人の成長や自立を支えている。つまり，個人が抱える問題と直接的に向き合い，援助するという実践を継続している。

　しかし，その一方で，臨床心理学は，「科学的性格」を備えた学問である必要がある。単にクライアントの内的世界に触れ，共感するだけでなく，臨床心理学が，真に個人や社会に役立っているのか，また，有効な支援の手立てとなりえているのかということを，客観的に分析し，検証していくという科学的性格や態度をもち合わせている必要がある。

　前述の米国心理学会の定義にも示されているように，臨床心理学は，科学と理論，実践の3つを統合して，人間の不適応や苦悩の成り立ちを追究し，問題を予測し，軽減し，解消する学問でなくてはならない。

3．イギリスと日本の比較

　しかしながら，わが国においては，臨床心理学について語る際に，臨床心理学と心理臨床，カウンセリング，心理療法の区分が極めて曖昧であるという問題がある。そこで，本節では，以下，下山（2010）の見解にしたがって，イギリスと日本との比較のうえから，これらの関係について整理しておきたい。

　下山は，これらの関係を整理するためには，「技法」としての側面と，「学問」としての側面という2つの面からみていく必要があるとしている。

　まず，「技法」という側面からみた場合には，イギリスにおいても，カウンセリングや心理療法が臨床心理学の1つの技法として取り入れられている。し

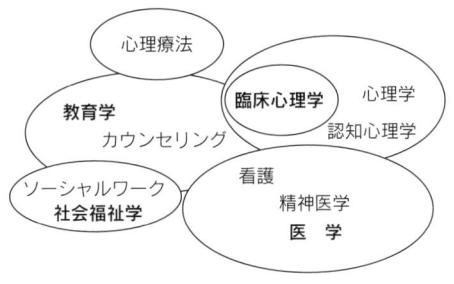

図1-1　イギリスの臨床心理学，カウンセリング，心理療法の区分（下山，2010）

かし，イギリスでは，「学問」という側面からみた場合には，臨床心理学とカウンセリング，心理療法は，明確に区別されている（図1-1）。

「学問」という面からみた場合，イギリスでは，心理学部の中に臨床心理学は属している。そこでは，前述したように，いわゆる心理学の一分野としての実証性や科学性が重視されている。

これに対して，カウンセリングは教育学部に属している。そこでは，カウンセリングは，ロジャーズ（Rogers, C. R.）理論に代表されるように，人間援助の総合学ともいえる性格を備えている。カウンセリングでは，健康度の高いクライアントの問題解決のための支援が主たる目的となっている。カウンセリングの場面では，専門性以上に，人間性が重視されるといってよい。

イギリスにおいて，心理療法は，例えば，フロイト（Freud, S.：1856-1939）の精神分析療法が，心理力動理論を拠り所としているように，特定の理論に基づいて，治療的実践を行なっているところに特徴がある。心理療法は，実証性や科学性が重視さる心理学とは，一線を画す立場に置かれている。

これに対して，わが国では，本章第3節でも触れているように，学会の成立過程とあいまって，「心理臨床学」という分野が誕生し，臨床心理学やカウンセリング，心理療法が混在しつつ，今日にいたっている（図1-2）。したがって，日本では，イギリスのように，本来の科学性や実証性を重視した臨床心理学は，十分に確立されていないというのが実情である。

ただ，厳密には，こうした違いが認められるものの，本書では，混乱を避ける意味で，以下，臨床心理学と心理臨床学を同義のものとして扱っていくことにする。

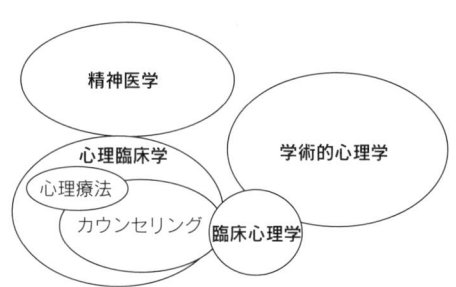

図1-2　日本の臨床心理学，カウンセリング，心理臨床の区分（下山，2010を一部改変）

第2節　臨床心理学の歩み

1．臨床心理学の歴史

　臨床心理学が産声をあげたのは，1896年に，ウィトマー（Witmer, L.）が，ペンシルバニア大学で心理クリニックを開設したことに遡るとされる。それ以後，20世紀にかけて，ウィトマーは，子どもの「精神遅滞（mental retardation）」や「行動障害（behavioral disorders）」に関して，実践面や理論面での中心的役割を担ってきた。子どもの遅滞に関する問題は，精神的発達と身体的発達の両面から定義される必要があるとの考えに立っていた。

　なお，鑪（2009）は，さらに遡って，ヨーロッパの医学の歴史に着目している。そのうえで，ウィーン大学出身の医師メスメル（Mesmel, F. A.：1734-1815）の「動物磁気」を仮定した治療，「生体磁気説」に基づいた催眠療法を試みたことで知られるフランスの神経科医シャルコー（Charcot, J. A.：1825-1893），さらには，神経症の治療に関心を寄せ，精神分析を創始したことで知られるフロイトの時代に，淵源があるとの見解を示している。いうまでもなく，フロイトの理論は，今日の交流分析理論をはじめ，アメリカの心理学の発展に多大な影響を及ぼしていることは否めない。

　ただ，メスメルの治療は，非科学的な側面がぬぐいきれないというのが，今日，多くの識者の見解である。シャルコーは，当時，子宮の病とされていたヒステリーを神経病理学研究の対象とし，また催眠療法を精神医学に導入した点で，今日，高い評価を得ている。

2．わが国の臨床心理学の歴史
(1) 日本精神分析学会の誕生

　わが国の臨床心理学の歴史はどうであろうか。「心理学」という日本語訳を生み出したのは，19世紀の啓蒙思想家，西周（にし・あまね：1829-1897）である。また，東京大学心理学研究室の歴史を紐解いてみると，ジョンズ・ホプキンス大学等に留学し，日本の心理学者として初の博士号を取得した元良勇次郎（もとら・ゆうじろう）が，帝国大学文科大学哲学科において「精神物理

学」の講義を行なったのは，1888年（明治21年）のことである。精神物理学は，外的な刺激と内的な感覚との対応関係を測定する学問であり，今日の実験心理学の成立に大きな影響を与えたとされている。

時を同じくして，松本源太郎らが著わした『心理学』において，「催眠術治療法」に関する記述が認められる。こうした記述は，催眠の研究が，すでに，明治の中ごろに行なわれていたことを示唆していて興味深い。

わが国において，臨床心理学にかかわる研究が，本格的に台頭するのは戦後のことである。例えば，今日の「日本精神分析学会」（1955年発足）の前身である「精神分析研究会」が，フロイトに対して，独訳論文「罪悪意識の二種」を提出したことで知られる古沢平作（こさわ・へいさく）らによって設立されたのは，1950（昭和25）年のことである。日本精神分析学会は，精神分析的な臨床実践に基づいた経験や知見を，治療や教育，福祉等の分野に役立たせることを目的として誕生した学会である。

（2）カウンセリング理論の普及

今日のカウンセリングの理論が発展する基盤となったのは，アメリカのコロンビア大学で教育心理学や臨床心理学を学んだロジャース（Rogers, C. R.）が，1942年に「カウンセリングと心理療法（Counseling and Psychotherapy）」を発表し，非指示的カウンセリングの考え方を世に問うてからのことである。

彼は，1945年には，シカゴ大学へ移り，同大学のカウンセリングセンターで実践と研究を行ない，「来談者中心療法（Client-Centered Therapy）」によって，その名を不動のものにした。第2次世界大戦後，ロジャーズのカウンセリング理論は，退役軍人の神経症的症状への対応や，戦後の職業上の適応支援とあいまって，さらに，普及，発展を遂げることになる。

わが国では，1951年に，友田不二男によって，ロジャーズの『カウンセリングとサイコロジー』が翻訳されたことが，カウンセリングが普及する大きな一歩となった。また，同年には，アメリカのロイド（Lloyd, W. P.）が来日し，東京大学や京都大学において，カウンセリングの研究集会を開いている。こうした普及活動が発端となって，後に，東京大学をはじめとする大学において，「学生相談所」や「学生相談室」が設置され，実践的カウンセリングが行なわれるようになった。これ以後，戦後の教育の民主化に伴って，カウンセリング

の理論や技法が，本格的に導入されるようになった。

（3） 日本心理臨床学会と「心理臨床学」

　カウンセリング理論は，いわばアメリカの民主主義を代表するものであり，新鮮な感覚をもって戦後の日本社会に浸透していった。こうした流れの中で，1964年に，「日本臨床心理学会」が発足した。日本臨床心理学会は，当時のアメリカのカウンセリングや臨床心理学をモデルにして設立された。前述の日本精神分析学会が発足して，およそ10年後のことである。

　しかしながら，日本臨床心理学会は，その後，「臨床心理士」（旧制）の資格認定の問題をめぐって意見が対立する。こうした経過の中で，資格認定に前向きであった人々が中心となって，1982（昭和57）年に，「日本心理臨床学会」が設立された。日本心理臨床学会は，前節で触れてきたように，「心理臨床学」という名のもとに，心理療法やカウンセリングに携わる研究者や実践家で構成されることになった。

　この日本心理臨床学会を牽引してきたのが，スイスのユング研究所で，ユング派セラピストの資格を取得して帰国した河合隼雄である。彼は，計4期にわたり，この学会の理事長を務めている。

　今日，日本心理臨床学会は，心理臨床学の進歩と普及を目指して大きく発展し，2010年現在，会員数は2万2千人以上にもおよび，わが国の心理学関連学会の中で，最大規模の学会となっている。また，この学会を母体として誕生した日本臨床心理士資格認定協会では，指定大学院の修士課程の修了を要件とした「臨床心理士」の資格認定を行なっている。本書の執筆者の多くは，この臨床心理士の有資格者である。現在のところ，臨床心理士は，国家資格ではないが，有資格者は，学校教育や矯正教育，司法，医療，福祉等の分野で幅広く活躍している。

　ただ，下山（2010）は，独自の視点から，日本心理臨床学会に代表される心理臨床学の特徴は，ユング派心理療法に代表される心理力動的な"個人心理療法"を理想モデルとしており，"カウンセリング"を実質モデルとしている点にあることを示唆している。そのうえで，心理臨床学は，"社会から個人へ"，そして，"個人から内的世界へ"というように，心の内へ内へと向かう傾向にあることに触れ，いわゆるエビデンスベイスト・アプローチ（evidence-based approach）に根ざした科学的な臨床心理学の確立が，今後の課題であるとしている。

第3節　臨床心理学の領域と方法

1．臨床心理学の領域
（1）隣接の学問に学ぶ

すでに，本章第1節で触れてきたように，臨床心理学は，生身の人間と真正面から向き合い，子どもや大人が直面する課題に対して，心理的な援助を行なう役割を担っている。そうした点では，心理学の中でも，とりわけ，臨床心理学という分野は，人間という存在や人間の心，行動を媒介にして，広く哲学や宗教学，動物行動学，教育学，文学，福祉学，社会学，医学などの諸分野と密接にかかわっている。

人と向き合うことは，人間の生きざまや人生そのものと向き合うということでもある。ゆえに，カウンセラーという職業には，その基盤に哲学が不可欠となろう。人々の人生や生き方とかかわり，向き合うのがカウンセリングや心理療法であり，そこでは，臨床家としての哲学が求められる。例えば，アランやヒルティに代表される哲学者は，『幸福論』という優れた著作を残していることで知られるが，これらの著作には，人間という存在や生き方についての知恵が凝縮されている。心理的援助に携わる臨床家は，こうした哲学的知見に触れ，自身の人生観に磨きをかけていく必要がある。

動物行動学の権威であるローレンツ（Lorenz, K.）は，名著『ソロモンの指環』において，綿密な動物観察を通して，攻撃性をはじめとする動物の本性について，極めて示唆に富む指摘を行なっている。臨床心理学に携わる者は，こうした学術的知見を，人間理解の一助としていくことも重要であろう。

さらに，昨今では，小中学校を中心に，スクールカウンセラー（school counselor：SC）が配置されているが，SCが生徒が抱える問題と向き合い，生徒の心に寄り添っていくためには，心理学的な知識やスキルだけでなく，学校経営やカリキュラム，学校教育法等に関する知識をあわせもつことが求められる。

このように，臨床心理学は，人間の心理や行動を理解し，人間が抱える不安や悩みと，直接的に向き合っている分野であるだけに，他の学問や諸領域とも深く関連していることがわかる。そのことは，換言するならば，人々の心を援助する臨床家こそが，誰よりも謙虚に，隣接する分野から，多くのことを学んでいく必要があることを意味している。臨床心理学に携わる者には，そうした人間としての懐の深さが求められる。

（2）臨床心理学の職務領域
　臨床心理学は，隣接する多くの学問領域とかかわっているが，とりわけ，実際面では，発達や教育，養護，家族，非行犯罪，福祉，災害などとのかかわりが強い（図1-3）。

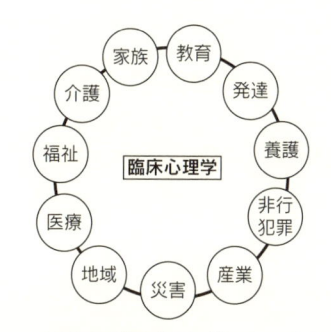

図1-3　臨床心理学の領域（鑪，2009を一部改変）

　例えば，教育の場では，1995年に，当時の文部省によって，「スクールカウンセラー活用調査研究委託事業」が開始されて以来，全国の公立中学校を中心に，心理職の専門家として，スクールカウンセラーが配置され，今日にいたっている。
　スクールカウンセラーには，児童生徒への個別的なカウンセリングだけでなく，教員や保護者に対するコンサルテーション（consultation，助言）や，生徒のためのサポートチームが円滑に機能するように，コーディネーション（coordination，調整）を中心とした援助も求められる。なお，文部科学省は，2008年度より，「スクールソーシャルワーカー活用事業」を開始し，福祉と教育の両面で専門的な知識や技能を有するスクールソーシャルワーカー（school

social worker：SSW）を学校に派遣しているが，今後は，こうした SSW との連携を深めていくことも，スクールカウンセラーの大切な役割となろう。

　少年非行や犯罪に関する領域も臨床心理学の重要な職域である。例えば，犯罪や少年非行にかかわる職務に，法務技官（鑑別技官）の存在がある。法務技官は，原則として，少年鑑別所で採用される。少年鑑別所は，家庭裁判所の観護措置によって送致された非行少年を収容し，資質調査を行なう施設である。

　法務技官の職務内容は，少年に対する面接や心理検査の実施，それらの結果をふまえて判定会議を行ない，少年の知能や性格面での特徴を明らかにすること，また，カンファレンス（conference, 会議・検討会）を通して，少年の処遇や立ち直りに関する方針を明らかにし，鑑別結果の通知書を作成することにある（第4章3節4．参照）。こうしたアセスメントを中心としたかかわりは，臨床心理学の重要な職務である。

　医療や介護もまた，臨床心理学が担う重要な職域の1つである。今日，心療内科やメンタルクリニックに代表される精神医療では，精神科医が1人の患者と向き合う時間は限られており，患者が抱える不安や悩みに対して，患者が納得のいくまで寄り添うことは極めて難しい状況にある。加えて，精神医療の現場では，治療面でも，薬に依存する傾向にある。

　こうした状況の中で，医師と連携をとりながら，薬物治療と並行して行なわれるカウンセリングや心理療法による臨床的援助は，患者の自立や家族の成長をサポートしていくうえで，大切な役割を担っている。

　高齢社会では，介護福祉士や訪問介護員（ホームヘルパー）らによる介護支援だけに限らず，高齢者に対する心のケアも重要になりつつある。とりわけ，独り暮らしの高齢者に対する心理的支援は，今後，臨床心理学にとって避けてとおることのできない課題である。2011年3月に発生した東北大震災の震災後の対応や支援の面でも，避難所や仮設住宅における高齢者や子どもたちの日々の不安に寄り添う，臨床心理士の活動の重要性が指摘されてきた。

　その意味では，これからの臨床心理学は，単に，個人に対する心理的援助だけにとどまらず，家族や学校，企業，地域との連携を密にしながら，効果的な支援のあり方を模索する時代にさしかかっているといえる。

2．臨床心理学の方法
（1）心理アセスメントとは
　さて，臨床心理学におけるアセスメント（assessment，見立て，所見，査定）と，精神科医による診断には，どのような違いがあるのであろうか。この点について，吉川（2009）は，医師による診断は，いわゆる疾病そのものに対してなされるという点にあること，これに対して，心理臨床家によるアセスメントは，疾病そのものに対してではなく，クライアント（client，援助を求める人）という1人の人間に対してなされるところに，その本質的な違いがあることに言及している。

　医師による診断は，疾病を分類することで，疾患の特徴を明らかにし，薬の投与を中心とした具体的な治療を進めることが可能になる。一方，心理臨床家によるアセスメントは，"今ここ"を生きている生身の人間に目を向け，あるがままの人間を直視することで，個人をトータルに理解し，生き方そのものを援助しようとするところに特徴がある。

　臨床心理学におけるアセスメントには，大きく，以下に示した，面接法，観察法，検査法の3つの方法がある。

（2）面接法
　面接という手法は，面接者と被面接者の役割が明確化されていること，また，場所や時間が指定されている点に特徴がある。面接は，臨床家がクライアントに寄り添ううえで重要な技法である。臨床心理学における面接は，教員の採用試験や企業の就職試験の際の審査や篩いわけのための面接とは異なり，クライアントの話に共感的に耳を傾けることが求められる。

　臨床の場における面接の目的は，言語を媒介として，クライアントの訴えや悩みに寄り添うことにある。面接は，クライアントの話を中心にすすめられ，基本的には，非構造的な性質を備えている。

　とはいえ，臨床場面における面接は，一般的な会話とは違い，クライアントに対する理解や援助という目的達成のために，一定の方向づけが必要な場合もある。特に，インテーク（intake，初回面接，受理面接）は，情報収集などの面で，一定の構造的な性質を備えている。初回面接は，クライアントとの初めての出会いの場であり，クライアントとの間に，これからのカウンセリングや

治療に関するインフォームド・コンセント（informed consent，治療の承諾，同意形成）を行なう機会でもある。

　それは，吉川（2009）が指摘しているように，クライアントに対する見立てだけでなく，臨床家自身が，クライアントと信頼関係を結び，クライアントの悩みに寄り添うことができるかどうかといった問いと向き合う場でもある。

　初回面接では，一般に，①主訴・来談経緯（クライアント自身の言葉で，現在抱えている課題や悩み，相談に訪れたいきさつについて語ってもらうこと），②相談歴（他の治療機関との関係の有無），③家族（家族構成や家族に対する感情など），④生育歴・問題の経過（クライアントの抱える問題が，どのような環境や経過のもとで生じてきたか）等の点について，聞き取りを行なう必要がある。

　なお，相談歴の聴き取りに関しては，現在，別の心理相談機関を継続利用している場合は，複数の相談機関での相談は望ましくないことを，また，医療機関に通っている場合には，本相談機関にかかることの了解を，医師から得ておく必要がある。

（3）観察法

　目や耳を使って行なわれる観察法もまた，クライアントを理解するうえで重要である。観察法は，研究者や治療者がどのようなかかわり方をするかによって，「参与的（参加）観察法」と「非参加観察法」とに分けられる。前述の初回面接において，クライアントのしぐさや様子を観察する場合は，面接という双方のかかわりの中での観察であるから，参与的観察である。

　参与的観察は，「関与しながらの観察」ということができる。第4章第1節で触れている遊戯療法，箱庭療法等の治療場面で，子どもとかかわる中で，子どもの態度やしぐさ，服装などのノンバーバルシグナルを観察する場合も，参与的観察である。

　このように，臨床家は，クライアントと時間や場所をともにし，共感的理解をはかりながら，その一方で，アセスメントを行なう必要がある。

（4）検査法

　心理臨床の場面において，しばしば用いられる検査法に，質問紙法（questionnaire method）がある。これは用意された質問項目に対して，「はい」「ど

ちらでもない」「いいえ」などの形式を用いて回答を求めるものである。抑うつ性（D）や劣等感（I），回帰的傾向（C），神経質（N），協調性（Co）など，12因子（性格特性）計120の質問項目で構成されているY-G性格検査（矢田部ギルフォード性格検査）は，今日，最も広く活用されている。

　また，認知療法を提唱したベック（Beck, A. T.）によって考案された抑うつ尺度（Beck depression inventory：BDI）は，最近1週間の抑うつ状態の程度について，計21の質問に回答を求めるもので，うつ病に対する科学的エビデンスが重視されており，今日，広く活用されている。同様に，過去1週間の気分を，緊張，抑うつ，怒り，活気，疲労，混乱の6因子で測定するポムス（profile of mood states：POMS）も，広く活用されている。なお，第4章第2節1．では，交流分析におけるエゴグラム（egogram）を取り上げているので，参考にされたい。

　質問紙法とともに，広く活用されている検査に，投映法（projective method）がある。これは曖昧な刺激図形に対して，自由に反応を求めたり，描画などを自由に記述させることで，人格特性を把握しようとするものである。

　米国のマレーとモーガン（Murray, H. A. & Morgan, C. D.）によって，1935年に作成された絵画統覚検査（thematic appercention test：TAT）は，わが国でもよく知られている。マレー版TATでは，通常31枚ある刺激図版（絵画）の中から20枚を選択してクライアントに呈示し，各図版をもとに，想像物語を自由に話してもらう。欲求圧力（need-press）理論に基づいて，人がもつ欲求と，それに対して加えられる環境からの圧力との関係から，人格的特性を把握するところに特徴がある。第4章第2節1．では，ロールシャッハテストやバウムテストなどの代表的な投映法を紹介しているので，参照されたい。

　以上の諸検査に加えて，子どもの知的発達の理解のために活用されているのが知能検査である。わが国では，田中ビネー知能検査などがよく知られている。これは，1947年に田中寛一によって作成されたもので，その後，改訂がくり返され，2005年には田中ビネー知能検査Vが世に出ている。第4章第1節1．では，今日，最も活用されている知能検査WISCを紹介している。

第4節　心の問題と心理臨床

1．心の問題の捉えかた

さて，臨床心理学では，心の問題をどのように捉えていくかということは，極めて重要であり，困難を要する作業でもある。人間は，心に何らかの負担がかかり，一定以上の閾値を超えると，症状という形で，様々な反応を起こす。症状は，認知面や感情面で現われる場合もあれば，行動面に現われる場合もあるが，本人または周囲の人間がそれに気づいたときに，初めて"心の問題"として認識される。

前述したように，臨床家は，心の問題を抱えている人を前にしたとき，言語的（verbal）情報や，非言語的（non-verbal）情報，その他生活環境等を含めた様々な面から情報を収集し，心の問題について理解しようとする。ただ，集められた情報をどういった基準に照らして，心の問題として把握するか，という点については，現在のところ，統一された見解はないが，下山（2003）は，心や知的能力の問題を捉える際の基準として，以下の4つをあげている。

（1）適応的基準

所属する社会に適応していれば問題なしとし，社会生活がうまくいかなくなったときが問題である，とする考え方である。他者の立場から不適応と判断される場合もあるが，本人が社会の中で苦悩を感じ，自らの意思で判断する場合もある。アルコール依存症者が，過度な飲酒をくり返すことで会社を休みがちになり，失職する場合などは，この基準にあてはまる。

（2）価値的基準

基準となる理念体系に基づく価値的規範があり，その価値的規範の許容範囲内であれば問題なしとし，逸脱すれば問題があるとする考え方である。一般的な道徳観や社会通念，また，法律や理論モデルに基づいて判断される場合もある。精神病質者（psychopathic personality）が，反社会的な違法行為をくり返す場合などは，この基準にあてはまる。

（3）統計的基準

統計的基準とは，ある集団を基準に考えたときに，その平均に近い者を問題

なしとし，逸脱の程度によっては問題があるとする考え方である。最も代表的なものの1つが知能指数（intelligence quotient：IQ）である。ウェクスラー式では，IQ の分布は平均を 100 とし，15 が 1 標準偏差となるように標準化されている。IQ の値が平均より 30 以上下まわる（2 標準偏差分），IQ が 70 以下になると，有意に平均値を下回る数値とされ，精神遅滞を見いだす基準となる。

（4）病理的基準

病理学に基づく医学的判断により，健康と診断されれば問題はなく，疾病と判断された場合を問題ありとする考え方である。これは，医師の判断による。医師以外の対人援助者は，疾病の診断については，法律的に行なうことはできない。

病理的基準の1つのガイドラインとして，ICD-10（international classification of diseases and related health problems, tenth revision）とよばれる国際的な疾病基準がある。

ICD-10 は，あらゆる疾病を分類するための国際的な基準として，世界保健機関（WHO）によって公表されているものである。医師は，患者より訴えのあった症状を，こうした国際分類基準に示された基準と照らし合わせながら，疾患名を確定する。近年では，このような基準（症状の集合体）から，疾患を特定していく流れが主流となっている。

以上のように，心の問題を理解するための基準は複数存在するが，それらは，多元的で，かつ相対的なものでもある。例えば，本人は社会に適応しているつもりでも，その本人の周囲の人間が苦悩を感じているために，心の問題を見いだす場合もある。また，国が変われば文化も変わるため，社会的な価値基準が変わる場合もあろう。日本では，宴会で飲酒をすることは肯定されているが，イスラム教圏では飲酒自体が禁止されている。

また，オリンピック選手のように，極めて高い運動能力をもつ者は，統計的には明らかに平均から逸脱しているが，問題があるとはいえない。心や能力の問題を考える際には，複合的な視点から，総合的に捉えていく必要がある。

2．病因論に基づく分類

心の症状といっても，その種類は様々で多岐にわたる。人間の苦悩というレ

ベルで考えると，人の数だけ悩みの数もあり，同じ悩みなど1つもないといっても過言ではない。心理臨床の場面では，様々な技法はあるものの（第4章参照），基本的な態度としては，その人の悩みとじっくり向き合い，その人の抱える心の問題に寄り添っていくことが重要である。

さて，今1つの伝統的な流れとして，精神疾患が，何が原因で起こるのかという病因論で分類する方法がある。

クレペリン（Kraepelin, E.：1856-1962）は，精神疾患をその原因と考えられる要因によって分類し，精神疾患の分類体系を構築した。身体疾患を治療するうえで，身体のどの部分に病巣があるかを突き止め，医療的介入を行なうように，精神疾患にも同様の視点を盛り込んだのである。

この分類体系によると，精神疾患は，①外因性（身体因性），②心因性（心理・環境因性），③内因性の3つに分けられる。

(1) 外因性（身体因性）

外因性とは，精神疾患を疑われる症状が，脳をはじめとする身体の特定の部分に器質的な障害があることが原因で，発生していると考えられるものである。認知症をわずらった患者が，認知症を背景にして，幻覚や軽度の意識障害を伴った「せん妄（delirium）」状態（ひどい興奮状態）に陥る場合などがこれにあてはまる。また，薬物の濫用（drug abuse）をくり返している者が，薬物によって脳の機能に支障をきたし，器質的な変化が生じたため，錯乱状態に陥った場合などもこれに相当する。通常，こうした身体的な原因で起こる精神疾患は，その原因を除去することで症状はおさまり，身体的に可塑性が残されている場合には回復もよい。

表1-1　原因による精神疾患の分類（笠原，1998）

①身体に原因のある場合
　1　脳器質性
　2　症状性
　3　物質関連性・中毒性
②心理面・環境面に原因のある場合（心因性・環境因性）
③原因不明あるいは内因性の場合
　1　統合失調症
　2　躁うつ病
　3　非定型精神病

見方を変えれば，身体に原因があるにもかかわらず，そこに目を向けずに精神的な部分だけに目を向けていては，いつまでも症状は消失せず，回復しないという危険をはらんでいることを忘れてはならない（表1-1）。

（2）心因性（心理・環境因性）

心因性とは，脳に器質的な障害は認められないが，環境からのストレスや，自己の無意識の葛藤などといった心理的要因が原因で引き起こされる精神疾患を指す。例えば，愛する家族や恋人を，ある日突然失えば，誰でも絶望的になり，食事はのどを通らず，涙もろくなり，憂うつな気分に支配されることは想像に難くないであろう。しかし，こういった症状は，愛する人を失うという急性ストレスがもたらしたものである。

一方で，了解不能な動機に基づく心因性の精神疾患もある。神経症（neurosis）は，一般的には，心理的な要因により引き起こされる，非常に強い不安や恐怖といった，様々な症状を呈している状態像を指す。強い苦悩を感じてはいるものの，現実検討能力は保持されている。

代表的なものには，ばからしいことだと頭ではわかっていても，ある考えがくり返し頭に浮かんで，振り払うことができなくなり（強迫観念），その考えを払拭するために，まじないにも似た意味のない不合理な行動（強迫行為）に出て，強い苦悩を感じる強迫神経症（obsessional neurosis）や，大した危険を感じなくてもよいものに対して，過度に強い恐怖反応を示す恐怖症（phobia），病気でもないのに，自分は何か重大な病気に罹ってしまったのではないかと，不安で仕方がなくなる心気症（hypochondria）などがある。

一方で，神経症という概念をどう捉えるかという点では，臨床家や研究者達の間でも多くの議論が交わされており，その解釈や意味合いは拡がりをみせている。しかし，臨床的に非常に有用な概念であるため，現在でも，臨床現場では精神疾患を理解する際の概念として重用されている（表1-2）。

心身症（psychosomatic disease）とよばれる症状も，心因性の精神疾患に分類される。神経症が，様々な苦悩が主観的な症状として体験されるのに対し，心身症は身体的な症状として現われる場合を指す。腸に病巣が見つからないのに，緊張状態をはじめとする心理的ストレスが加わると，腸の運動機能に異変が生じる過敏性腸症候群（irritable bowel syndrome：IBS）などは，その代表

表1-2 神経症の症状 (笠原, 1984)

主観面	不安：不安発作（呼吸困難や心悸亢進などの身体症状を伴う，理由のない突然の苦悶感） 慢性不安状態（不安発作が起こるのを予期し，不安が慢性化した状態） 恐怖：特定の対象や状況で不安になり，抑えられない（①物理的空間に関係した高所恐怖や閉所恐怖，②対人状況に関係した対人恐怖，③物体に関係した先端恐怖，細菌恐怖，不潔恐怖など） 強迫：ばかげた考えや行為が，自分の意思に反して繰り返し起こる（繰り返し手を洗う洗浄強迫など） 抑うつ：うつ状態を訴えるが，躁うつ状態よりは軽く，不安・無気力・焦燥が目立つ 離人：外界，自分の身体，自分の存在に関して，生き生きした現実感がわからなくなる
身体面	心気：ささいな身体の異常を重い病気と思い込み，それにこだわる ヒステリー性転換症状：身体的な異常がないのに，知覚や運動の障害を示す（視力・聴力の減退，痛み，不感症，失立，失歩，失声，ヒステリー性けいれん発作など）
行動面	ヒステリー性解離症状：一時的な人格の解体（二重人格，遁走，生活史健忘など） 自己破壊行動：自殺，自傷など 攻撃的行動：摂食障害（過食，拒食），薬物乱用，非行など 無気力的行動：神経症型不登校，長期留年など

的なものである。

　心身症を説明する鍵概念として，シフニオス（Sifneos, 1972）が提唱したアレキシサイミア（alexithymia）という概念がある。日本語では「失感情言語化症」と訳されている。これは，心身症の患者達が共通してもっているパーソナリティの傾向として，注目を集めている概念である。その特徴について，クリスタル（Krystal, 1979）は，①自らの感情を言語化しにくく，事実の細部については詳細に語るが，感情体験が語られない，②現実には十分適応しているが，想像力に欠けており，発想が無味乾燥である，③他者に対しても自己に対しても関心を払わないため，治療的な関係性をつくりにくい，などの点を指摘している。

(3) 内因性

　内因性とは，「内側から自然に」「なんとなくひとりでに」といったニュアンスをもつが，脳に器質的な異常が認められたわけでもなく，また，これといった心理的な変化や環境からのストレスがあったわけでもないのに，精神疾患にいたるものである。もちろん，発症の引き金としての心理的な変化や環境からのストレスはあるものの，それ自体が原因であるとはいえない場合を指す。現実検討能力が著しく失われることが特徴である。投薬療法による治療効果が高

いため，脳に何らかの原因があるのではとされているが，その原因は明らかではない。

代表的なものとして統合失調症（schizophrenia）や躁うつ病（bipolar disorder）があげられる。統合失調症は，ブロイラー（Bleuler, 1911）によって提唱された概念で，幻覚（hallucination）や妄想（delusion）を主体とする精神疾患である。自己の思考や意識の統制や統合が不能になるために，他者との疎通性が著しく失われ，社会生活を送ることに重大な支障をきたす。以前は「精神分裂病」とよばれていたが，日本語の表現として誤解を招きやすく，また，解離性同一性障害（いわゆる多重人格）との混乱を避けるなどの理由から，2002年に名称が変更された。

ブランケンブルク（Blankenburg, W.：1928-2002）は，統合失調症の本質を「自明性の喪失」であると指摘している。自明性の喪失とは，「社会の中であまりにもあたり前の事とされている常識（共通性）が，自分にとってはあたり前でなくなること」をいう。

躁うつ病は，広瀬・樋口（1998）によれば，①感情（爽快―抑うつ），②行動（多動―無動），③欲動（亢進―低下），④思考（観念奔逸―思考停止）が，真逆の方向性を示すことをいう。つまり，躁状態においては，気分は爽快で多動になり，意欲や性欲が亢進し，考えは次から次へと移り変わるが，数日から1～2週間の間にうつ状態に陥り，気分は憂うつになり，行動も鈍くなり，何をするのもおっくうで，考えは停止したかのように，何も考えられなくなる，といった状態像をくり返す。

以上，病因論による分類体系についてみてきたが，心の症状に対して，心理臨床的アプローチを試みる際に，その主観的訴えだけを聞いて，原因を安易に判断し，誤った支援をすることは避けなければならない。

例えば，薬物による治療効果が高いとされる内因性の精神疾患に対して，心理的支援だけで対応することは最善策とはいえないし，自身の生き方そのものについて悩み，心因性の神経症状態にある人に対しては，じっくり話を聴くといった心理的支援が大きな効果をあげることがある。

心の問題は広く，そして深い。心理臨床において，心の問題を理解するためには，幅広い専門的知識と臨床経験，そして，絶えざる探究心が求められる。

第5節 ライフサイクルと臨床心理学

1．人間とライフサイクル
（1）乳幼児期の発達課題と心理的支援

　イギリスの小児科医でもあり，児童精神科医でもあったウィニコット（Winnicott, 1965）は，乳幼児は，「母親と乳幼児という一対の組（mother-infant coupling）」という密接な関係の中で，母親を同一視し，自己を形成していくと指摘しているが，人間は，こうした乳幼児期の母親との関係に象徴されるように，人生の誕生の時点から，関係性の中で成長を遂げていく。また，人格の発達は，きょうだい，友だちといった他者とのかかわりや関係性を通して育まれる。

　エリクソン（Erikson, 1959）も指摘しているように，乳児期の授乳活動を中心とした母子のかかわりは，子どもが人間に対する「基本的な信頼感（feeling of basic trust）」を獲得していくうえで重要である。豊かな愛情に支えられた母親とのかかわりや一体感を通して，人格形成の骨格ともいうべき，安心感や信頼感を体得していく。

　生後8か月ごろに生じる「人見知り（fear of stranger）」は，「8か月不安」ともよばれるが，これは，裏を返せば，乳児と母親との間に，強い情緒的な絆や信頼関係が形成されていることの証でもある。

　乳幼児の要求に対して，母親が愛情をもって応えることは，「山びこ反応」とよばれる（鈎，1996）。山あいでの登山者の叫び声は，周囲の山にはね返って戻ってくるように，乳幼児の要求に対しては，母親がしっかりと反応する，心から受け応えをすることが不可欠である。

　母親という養育者の存在は，乳幼児にとって心の「安全基地」である。この安全基地があるからこそ，子どもは心のエネルギーを充電し，補給することができる。そして，やがては，母親から離れて自立することが可能になる。

　臨床心理学の大切な役割の1つは，こうした子どもの精神発達において極めて重要な時期に，乳幼児とかかわり，世話をする母親に対して，適切な支援を行なうことにある。若い母親に対する子育てや子どもの発育面でのコンサル

テーションを，定期的に実施できる地域支援のあり方を工夫していくことも，臨床心理学における重要な課題であるといえる。

（2）児童期の発達課題と心理的支援

　幼児期から児童期にかけては，保育園や幼稚園，小学校での集団生活を体験する時期である。この時期は，これまでの親子関係やきょうだい関係だけの世界から，仲間集団とのかかわりへと世界を大きく広げていく。

　エリクソン（Erikson, 1959）は，児童期の発達課題を，「勤勉性（industry）」の獲得にあるとした。児童が勉学に真面目に取り組み，新たな発見や作業を完成させる喜びや充実感を体験することが，「勤勉性」の獲得につながる。勤勉性の獲得は，同年齢だけでなく，異年齢集団における仲間との交流を通して，よりいっそう強固なものになる。児童は，集団生活の中で達成感を味わうことで，真面目に努力することの大切さを体得していく。

　しかしながら，その一方で，近年では，登園しぶりや不登校，保健室登校にみられるように，集団生活にうまく馴染めない，子どもたちも存在する。第2章第2節2．でも取り上げたように，園や学校という集団生活に適応できない子どもたちに対して，適切な心理的支援を行なっていくことも，臨床心理学の重要な役割である。

　集団参加や学校生活への適応は，発達障害をもつ子どもたちにとっても，大きなハードルの1つである。さらに，昨今では，「小1プロブレム」という言葉に象徴されるように，小学校に入学したばかりの子どもの中には，担任の先生の話が聞けない，席にじっと座っていられないなど，集団行動がとれない子どもも増えつつある。

　こうした集団への適応力を育むという今日的課題に対して，学校臨床心理学の分野を中心に，子どもたちの人間関係形成能力の育成に関するプログラムの開発や，小1プロブレム予防プログラムの計画実施といった積極的な研究や実践が期待される。

（3）青年期の発達課題と心理的支援

　さて，およそ10代半ば過ぎから20歳ごろまでの青年期の発達課題は，エリクソン（Erikson, 1959）が「アイデンティティ（identity）」の確立にあるとしたように，社会との関係やつながりの中で自己という存在を確認し，価値づけ，

生きるうえでの確かな基盤をつくりあげていく点にある（第3章第1節2．参照）。

とりわけ，思春期は，「チャムシップ（chumship）」という言葉に象徴されるように，同性同輩間で，一対一の親友関係が形成される時期であり，互いが自身を映し出す鏡となる。この時期，同性の友は，親には話せないような秘密の事柄や異性関係の悩みなどを語れる存在として，極めて重要な役割を果たす。このように，青年期は，仲間とのかかわりを通して，自己を振り返り，自己を成長させることが可能になる。

青年期に，迷いや悩み，不安もなく，自己を確立していくことは容易なことではない。河合（1999）が指摘しているように，思春期は，たとえていうならば，「さなぎの時期」に相当する。それは，成虫になるための準備期間であるがゆえに，内面では，大きな心理的葛藤や揺れが生じる時期でもある。

こうした青年期危機に直面することで，人によっては，摂食障害やリストカット，人が集う場所では極度の不安が生じる広場恐怖，自らの顔に対する醜貌恐怖，前節で紹介した強迫症状などにみられるように，心身のバランスを崩し，自信を喪失する事態に陥る場合がある。

さらには，マーシャ（Marcia, 1980）も指摘しているように，青年期には，同一性を確立する青年が存在する一方で，探索試行を経ることなしに，自己投入している「フォークロージャー（foreclosure, 権威受容・早期完了・早産）」型の青年や，スチューデント・アパシー，ひきこもりのケースのように，自己投入できずに，同一性が拡散した状態の青年がいることも確かである。

臨床心理学の役割は，こうした課題を抱える青年と真摯に向き合い，援助の手を差し延べていくことにある。そのためには，中高や大学での相談業務に携わるカウンセラーは，相談室という狭い枠の中でのカウンセリングに終始するのではなく，自ら進んで，生徒や学生と向き合う積極的なカウンセリングが期待される。また，キャリア教育への関心を深めていくことも重要である（第4章第3節5．参照）。

2．大人のライフサイクルと心理的支援
（1）成人期の発達課題と心理支援

　成人期は，およそ20歳ごろから40歳ごろまでの成人前期，40歳ごろから60歳ごろまでの中年期，そして，それ以後の老年期に大別される。成人期は，獲得と喪失のプロセスであるといってよい。

　成人前期は，一般に，身体面での頑健さや健康が自然と手に入る時期である。生活面でも，就職活動を勝ち取る，よき伴侶と巡り合う，家庭をもつ，子どもに恵まれる，マイホームを購入するというように，多くのものを獲得し，充実感を味わうことのできる時期でもある。

　その一方で，この時期は，生まれ育った原家族との別れ，失恋，仕事への不適応，経済的な困難，家庭での問題など，様々な不適応感や喪失感を経験する時期でもある。

　エリクソン（Erikson, 1959）は，中年期に相当する発達課題として，「世代性（生殖性，generativity）」と「停滞性（stagnation）」をあげている。「世代性」とは，次世代の子どもや若者を，産み，育てることをいう。家庭では，子どもの世話をすることが重要な役割となる。職場にあっても，次世代と積極的に交わってリードし，達成感も味わえる時期である。

　その反面，中年期は，次第に人生の先が見通せるようになり，停滞感が強まる。身体的な衰えを実感し，気力も低下してくる。ユング（Jung, C. G.：1875-1961）は，40歳前後を「人生の正午」とよび，人生の転換期であるとした。こうした言葉に象徴されるように，中年期は，大きな曲がり角でもある。ただ，平均寿命が延びている現代社会においては，「人生の正午」は，40歳前後というより，むしろ，50歳前後がふさわしいといえるかもしれない。

　成人期は，人生観の大きな転換期でもある。これまでの生き方を振り返り，自身の限界を意識し始める時期でもある。その結果，自己否定的になり，自殺願望といった中年期危機が大きく忍び寄ってくることもある。

　心理臨床に携わる者は，こうした成人が抱える深刻な悩みや生き方と向き合えるだけの人間的な力量を，しっかりと身につけていく必要がある。あわせて，これからの心理臨床は，個人への援助という視点だけでなく，医療や看護，福祉等の専門家とも協働して，新たなヒューマンサービスやメンタルヘルスのた

めの社会システムを構築していくことが不可欠である。

(2)「四苦八苦」観と心理臨床

　心理臨床家が，人間の不安や悩みと向き合い，適切な援助を行なっていくためには，人間のライフサイクルというトータルな視野の中で，人間を見つめ，人間が抱える不安や悩みに寄り添っていくことが不可欠である。

　その意味で，ここでは，臨床の意義について，あらためて考えてみたい。その際，本章第1節で述べたように，「病床」だけに視点を置くのではなく，広く「床（寝どこ）に臨む」と捉え直すことで，ライフサイクルとの関連の上から，再度，臨床の意味について考えてみたい。

　振り返ってみれば，人は，「病」のときだけに限らず，この世に生を受けてから，「死」を迎えるまでの一生の全過程，すなわち，ライフサイクルのすべてにおいて，「床（とこ）」に臨み，「床」の世話になって生きている。乳幼児，児童，青年，成人を問わず，元気に日々を過ごしているときでも，人は，就寝し，疲れた体を休めるときには，「床」の世話になって生きている。

　このように考えると，臨床心理学の対象は，心の問題や病だけでなく，"今ここ"という現実を生きている，すべての人々を対象にしたものでなくてはならない。

　人間のライフサイクルを考えるうえで重要な視点となる，仏教の「四苦」「八苦」という考え方からすると，臨床心理学の役割は，人間の四苦，すなわち，「生」「老」「病」「死」という過程において，人間の生き方を援助していくことにある。ここでいう「苦」とは，いわゆる心理学や生理学でいうストレスから生じる不安や葛藤，悩みに相当する。

　仏教では，こうした「四苦」に，「愛別離苦（愛する者と別離する苦しみ）」，「怨憎会苦（怨憎する者に会う苦しみ）」，「求不得苦（求めても得られない苦しみ）」，「五陰盛苦（肉体的，精神的な諸要素からくる苦しみ）」の4つの苦しみを加えて，「八苦」とよんでいる。

　図1-4に示したように，人間のライフサイクルの過程にあっては，最愛の人と別れる辛さや苦悩を避けてとおることはできない（愛別離苦）。親子の考え方の違いや夫婦の不仲，嫁と姑との確執，きょうだい間の争い，職場での上司や同僚との不和に象徴される日々の人間関係の中で，相手を怨み，憎むことでスト

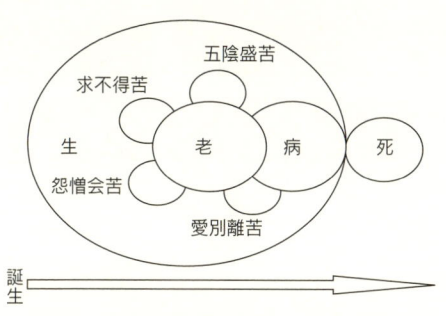

図1-4 「四苦八苦」観とライフサイクル

レスを溜め込み，心のバランスを崩し，自分を見失うことがある（怨憎会苦）。

　人生においてはまた，求めても，自分のものにならないことから生じるストレスもある。試験に合格したいけれども受からない苦しみ，好きな人と結婚したいけれども一緒になれないといった絶望感を，しばしば体験する（求不得苦）。

　さらに，「生きる」過程においては，「老い（老）」や，「病気をわずらう（病）」という現実とどう向き合うかということが，最重要課題となる。人間は，「老い」や「病」の先にある「死」の問題を避けてとおることができない。臨床心理学という分野は，まさに，こうした生身の人間の生きざまや葛藤と真正面から対峙する学問であり，実践にほかならないのである。

第6節　ポジティブ心理学と臨床心理学

1．ポジティブ心理学の動向
（1）「病理モデル」から「幸福モデル」へ

　ところで，近年では，心の症状や病理，障がいの研究や実践だけに特化するのではなく，人間のポジティブな生き方，すなわち，「幸福（happiness）」や「健康（well-being）」，「楽観主義（optimism）」に根ざした生き方を探究しようとする心理学のことを，ポジティブ心理学（positive psychology）とよんでいる。

　ポジティブ心理学は，人間の強さにしっかりと目を向けることで，病気に対

する不安や苦悩を低減させるだけでなく，人間の真の幸福とは何かを追究し，人間が充実した生活を可能にするための介入方法についても強い関心を寄せている。こうした心理学が目指すものは，「病理モデル」から「幸福モデル」へのパラダイムの転換である。島井（2006）は，こうした今日的動向は，心理学における新たな研究テーマや研究領域であるというより，むしろ，アカデミックな運動であるとしている。

(2) セリグマンの視点

セリグマン（Seligman, 2006）は，21世紀の心理学には，2つの探究課題があるとしている。第1に，終息することのない世界の民族政治紛争に対して，心理学がどう貢献できるかということである。民族紛争という人類の悲劇を予測し，予防できる若手の心理学者の育成，および心理学の構築が急務であるという。

第2に，人間の長所に関する新しい科学の構築という点である。彼は，アメリカの若者たちの深刻なうつ病が，40年前と比較して，10倍近くに及んでいるという事実に着目して，精神疾患の予防が可能な「人間の強さ（human strengths）」への理解と育成を目的とした，社会科学の構築の必要性を強調している。これからの心理学は，人生の困難を乗り越えて成長していくための成熟さや，やる気に関する研究が不可欠であるという。

セリグマン（Seligman, 1990）が強調してきたポジティブ心理学の鍵となる概念は，「楽観主義」という視点である。楽観主義の説明スタイルには，3つの特徴がある。第1に，望ましくない出来事に遭遇したときに，それは「一時的」であるとする説明スタイルである。不幸な出来事は，そう長くは続かないと考える。

第2に，「特定的」であるとする説明スタイルである。不幸な事態にいたったのは，特別な原因があったからだと考えてみる。たまたま悪条件がかさなったからだとみなすのである。そして，今1つの説明スタイルは，「外向的」であることである。「外向的」とは，困難な事態に遭遇しても，プラス思考で，それは自分にとっての試練であり，やりがいであると考えることである。

2．「生きること」への支援と臨床心理学
（1） 人間の可能性に目を向ける

　楽観主義の視点は，不幸な事態に対する認知の転換を迫り，人間を前向きにさせ，人間の知性や賢明さを支援していく上において，極めて重要な視点である。

　臨床心理学が，人間という存在を直視し，人間の生き方と真正面から向き合う学問である限り，これからの臨床心理学には，ポジティブ心理学の視点をふまえた，人間の潜在力や可能性に目を向けた実証的研究が求められる。

　従来の臨床心理学における課題の1つは，人間の心の症状や病といった点に，研究や実践の中心が置かれてきたことにある。臨床心理学は，「被害者学」（victimology）であるともいわれるように，その関心は，もっぱら，人間のネガティブな心のはたらきに向けられてきた。

　その意味では，アメリカのセリグマン（Seligman, 1998）が指摘しているように，これからの臨床心理学は，もう一歩，人間の生き方やその可能性に踏み込んだ，「人間的強さの建設（building human strength）」や復権に関心を寄せていくことである。換言するならば，不幸な事態に直面したときに，ともすれば，否定的になりがちな自己に対して，認知の変容をせまることで，人間の成長の可能性に目を向けていくことであろう。

（2） 臨床心理学の挑戦

　昨今のポジティブ心理学が寄せている今1つの関心事は，「レジリアンス」（resilience）に関する研究である。これまでの精神医学や臨床心理学では，病気になるリスク因子の抽出と解明に力が注がれてきた。しかし，近年では，病や症状と向き合い，跳ね返すという点に関心が集まっている。

　加藤と八木（2009）によれば，強いストレスに直面したときに遅延的に生じる外傷後ストレス障害（post-traumatic stress disorder：PTSD）はよく知られているが，最近では，トラウマを体験した子どもや大人が，それを契機に，人格的成長を遂げる「外傷後成長（post-traumatic growth）」という言葉が注目されている。こうした新たな概念は，レジリアンス機能の本質を言い表わしたものとして興味深い。

　レジリアンスという言葉には，「回復力」や「復元力」「弾力性」「跳ね返す

力」といった意味がある。それは，還元するならば，流体内において，重力に反して，物体が上方に押しあげられる力，すなわち，「浮力」に相当する（図1-5）。物体の重量より浮力の方が大きければ，沈められた深さに関係なく物体は浮きあがる。こうしたたとえのように，水面下に押し沈められても，再び浮かびあがってくる力が，回復力としてのレジリアンスであるといってよい。

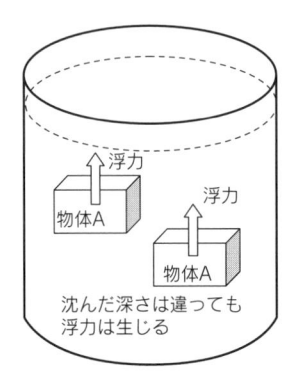

図1-5　「浮力＝回復力」としてのレジリアンス

　深谷（2009）は，児童生徒にも，レジリアンスを育んでいくためのスキルトレーニングが必要であることを示唆している。そのうえで，児童生徒に必要なレジリアンス因子を，①元気，②しなやか，③へこたれない，という平易な言葉で表現している。
　臨床心理学に課せられた使命は，ポジティブ心理学の考え方が示唆しているように，本来，人間に備わっている生きる力や生命力，課題にフレキシブルに対応できる力，といった側面に焦点をあてたケース研究や実証研究の充実に力を注いでいくことである。臨床心理学のさらなる発展のためには，こうした新たな挑戦や努力が不可欠であるといえよう。

■引用・参考文献■

安藤朗子(2006).学童期における心の発達と健康 母子保健情報 **54**,53-58.
Bleuler, E. (1911). *Dementia praecox oder gruppe der schizophrenien.* Leipzig: Franz Deuticke.
Erikson, E. H. (1959). *Psychological Issues Identity and The Life Cyecle.* International Universities Press.
深谷昌志(監修)(2009).子どものこころの力を育てる——レジリエンス—— 明治図書
広瀬徹也・樋口輝彦(編)(1998).気分障害 臨床精神医学講座(松下正明 総編集)第4巻 中山書店
伊藤良子(編著)(2009).臨床心理学 ミネルヴァ書房
Jung. C. G. (1916). *Über die Psychologie des Unbewussten.* 高橋義孝(訳)(1977).無意識の心理 人文書院
笠原 嘉(編)(1984).必修精神医学 南江堂
笠原 嘉(1998).精神病 岩波新書
鹿取廣人・杉本敏夫(編)(1996).心理学 東京大学出版会
加藤 敏・八木剛平(2009).レジリアンス 金原出版
河合隼雄(1999).Q&Aこころの子育て——誕生から思春期までの48章—— 朝日新聞社
國分康孝(編)(1990).カウンセリング辞典 誠信書房
Krystal, H. (1979). Alexithymia and psychotherapy. *American Journal of Psychotherapy*, **23**, 17-31.
鉤 治雄(1996).親と子の心のふれあい 第三文明社
鉤 治雄(2006).楽観主義は自分を変える 第三文明社
鉤 治雄(2010).お母さんにエール!楽観主義の子育て 第三文明社
鉤 治雄・吉川成司(2010).人間行動の心理学 再版 北大路書房
Marcia, J. E. (1980). Identity in adolescence. J. Adelson (Ed.), *Handbook of adolescent psychology.* New York: Wiley. pp.159-187.
松本源太郎(1867).心理学 哲学館
松下正明(総編)(1998).臨床精神医学講座4 気分障害 中山書店
成田義弘(1986).心身症と心身医学 岩波書店
Seligman, M. E. P. (1990). *Learned Optimism.* New York: Arthur Pine Associates Inc. 山村宜子(訳)(1994).オプティミストはなぜ成功するか 講談社文庫
Seligman, M. E. P. (1998). 21世紀の心理学の2つの課題 島井哲志(編)(2006).ポジティヴ心理学——21世紀の心理学の可能性—— ナカニシヤ出版 pp. 22-29.
Sifneos, P. E. (1972). *Short-term psychotherapy and emotional crisis.* Harvard University Press. Cambridge.
下山晴彦(編)(2003).よくわかる臨床心理学 ミネルヴァ書房
下山晴彦(2010).臨床心理学を学ぶ①——これからの臨床心理学—— 東京大学出版会
田畑洋子・田畑 治(2009).おとなとして生きることと,そこで生じうる心理的な問題・課題とは? 伊藤良子(編)臨床心理学 ミネルヴァ書房 pp. 165-182.
武田明典・鈴木明美・森 慶輔・遊間千秋(2008).スクールカウンセラーによる反社会的

問題行動生徒への関わり――実践からの課題―― 国立青少年教育振興機構研究紀要, **8**, 103-114.
吉川眞理（2009）．人間の心を理解するとはどういうこと？ 玉瀬耕治・佐藤容子（編）臨床心理学 学文社 pp. 101-122.
鑪 幹八郎（2009）．臨床心理学の基礎 鑪 幹八郎・川畑直人（編） 心理学の世界 基礎編8 臨床心理学 培風館 pp. 1-24.
融 道男・中根允文・小見山実（1992）．ICD-10 精神および行動の障害――臨床記述と診断ガイドライン―― 医学書院
Winnicott, D. W. (1965). *The family and individual development.* Tavistock Publicatiobs.
吉川成司・関田一彦・鈎 治雄（2010）．はじめて学ぶ教育心理学 ミネルヴァ書房
Zimbardo, P. G. (1980). *Essentials of Psychology and Life.* 10 ed. Scott Foresman & Co.

第2章 子どものための臨床心理学

　「楽観主義の心理学」の研究などで著名なセリグマン（Seligman, M. E. P.）は，現代には，自分の人生に希望がもてない『疫病』が蔓延しているという。特に青少年の「悲観主義というこころの病」は'私'という存在の孤立を生んだと指摘し，その背景に個人の肥大化や，失敗を恐れない強く前向きな生き方を教えない学校・社会などの問題をあげ，教育現場へ警鐘を鳴らしている。

　近年，産業の急速な進歩や環境の変化などにより，子どもの抱える問題や課題がますます多様化・複雑化し，発達上の不適応や「こころ」の問題に関心が高まっている。特に児童期の子どもは環境に大きく依存し，環境への反応として様々な心の問題を呈している。例えば，両親の不和や離婚などによる心のストレスが日常生活への不適応や支障となる場合がある。また学校という居場所の存在が大きくなるにつれ，いじめや不登校，非行といった問題行動が発生し，教育現場の解決方策が求められている。

　本章では，乳幼児期から児童期を中心に，各発達段階で生じてくる様々な発達上の問題や心理臨床について概観する。また各時期の発達と心理臨床を，身体的・知的発達，社会的・人格的発達，知的障害・発達障害の3つに分類して解説し，その状況の改善への援助を発達臨床という枠組みから捉えていく。特に，児童期の知的・発達障害では，特別支援教育の対象として注目されている軽度の発達障害について紹介し，具体的な支援方法を探っていく。

第1節　乳幼児の発達と心理臨床

1．生活習慣の形成にかかわる問題
（1）食欲不振，食欲過剰，偏食

　最近では，社会的関心の1つとして食育の問題が大きく取り上げられている。朝食をとらない欠食児，家族が別々に食事をとる個食，ファストフード類による栄養のかたより等の問題が，子どもの成長に大きな影響を与えている。食の問題は，特に乳幼児にとっては，生命の維持，発達にかかわる重要な課題であり，母親にとっても最大の関心事である。食物の摂取は個人差があり，食べる量，速さ，嗜好の違い等，母親には気がかりなことが多い。その中でも，乳幼児期および小児期の摂食の問題として取り上げられているのが，食欲不振，食欲過剰，偏食等の食行動における問題である。

　食行動における問題として，ICD-10（国際疾病分類第10版，精神および行動の障害）に哺育障害があげられている。哺育障害とは，医学的・器質的な問題がないのに授乳や食事を与えようとしても拒否したり，十分摂取できなかったりすることによる，体重増加不良や発育不足など発育に影響を与える重要な問題である。原因としては，「子どもの側の気質，健康等の要因，養育者の側の精神的ストレス，抑うつ，そして直接食行動にかかわるところでは，子どもの食の欲求に対する親の不適切な関わり」（長谷川，2007）が指摘されている。ただ，小食，過食，偏食等は，幼児期にはよくみられることで，それだけで障害として捉えることはできない。

①食欲不振

　小食であまり食べない，食欲がないなどの子どもの食行動は，親の悩みの1つでもある。消極的な食行動の1つに食欲不振がある。乳幼児期には，食にむらが起こりやすく長期間続くものでなければ心配はないが，食欲不振の原因をよく見極めて対応することが大切である。多くみられる原因は，心因性の食欲不振である。育児書の通りにミルクの量や回数，食事量のコントロールに神経質になったり，栄養価にこだわったり，発達に合わないのに無理に離乳食に移行したりといった，母親の食に対するこだわりや強制が心理的な拒否につなが

ることがある。次に，先天的食欲不振が考えられる。身体的異常ではなく，生まれつき体が小さく食が細い状態である。この場合も，食の強制によって食欲不振になりやすい。この他，病気に伴う食欲不振もある。感染症や精神・運動発達障害，先天性心疾患などの1つの症状として現われることがある。その他にも，季節や食習慣，運動不足など生活上の影響も考えられる。原因をよく見極めて対応していくことが大切であるが，母親が神経質にならず，無理に食べさせようとせず，ゆったりと子どもとかかわれるようなサポートを行なっていくことも必要である。

②食欲過剰

　食欲過剰とは，必要以上に食べすぎることである。規則正しい食生活ができず，たえずおやつを口にしていたり，必要以上の食事量を摂りすぎたりしていることがある。そのような食習慣によって，食べた後も満足せずに，もっと食べたいという欲求が起こってくる。また，心理的に不安を抱えているときや，緊張が強いときにも，食物を口にすることで安心感を得ようとすることもある。食欲過剰の問題は，乳幼児肥満のもとになる。特に，幼児期の肥満は，学童期以後の肥満や生活習慣病につながる傾向があるので，養育者のかかわりが重要な乳幼児期に，子どもに規則正しい食生活の習慣を身につけさせることが大切である。

③偏食

　ピーマンが嫌い，魚が嫌いなど，苦手なものを口にしない子どもが多くいる。2005（平成17）年に厚生労働省が行なった乳幼児栄養調査によると，1～4歳児をもつ保護者が，子どもの食事で困っていることの中で，「偏食」をあげた割合は，4歳児をもつ親で最も高く，4割近い。偏食とは，単なる食物への好き嫌いではなく，好き嫌いの度合いが激しく，栄養にかたよりができることをいう。偏食の原因は，子ども自身の過敏な体質や母親の偏食による影響，食物アレルギー，初めて食べたときの不快な体験等が考えられる。また，発達障害児にも偏食の傾向がみられる。子どもの偏食は，原因をよく理解して，対応することが大切である。栄養のバランスが取れているのであれば，無理に食べさせるようなことはせずに，調理の工夫や楽しい雰囲気の中で食事を楽しみ，成長とともに，食事のかたよりが改善されるよう工夫していくとよい。

(2) 夜尿,頻尿

　子どもの基本的な生活習慣を形成するうえで重要な問題として,食生活の他に,排泄の習慣があげられる。乳幼児期には,排泄の自立のためのトイレットトレーニングの問題以外に,睡眠中に起きる夜尿や頻尿などの問題があげられる。

①夜尿

　夜尿とは,睡眠中に無意識に排尿をしてしまうことである。これは,よくいわれる「おねしょ」である。一般的には,排尿の自立が可能となった年齢（多くは4〜5歳）を過ぎても,月に数回以上,夜尿が認められる状態を夜尿症（または遺尿症）という。

　子どもは,生まれて2歳ごろまでは頻繁に夜尿をするが,これは睡眠中につくられる尿の量が,その尿をためる膀胱よりも多くなるために起きるといわれている。子どもは大人に比べて膀胱が小さく,ホルモンのバランスも不安定なために,おねしょをしやすいといわれている。

　幼児期の夜尿は,子どもの発達のうえでふつうに起こることであり,成長とともになくなることが多い。小学校高学年になっても,約5％の子どもに夜尿症はみられるが,年齢とともに減り,第2次性徴を迎える12歳をすぎると,その多くは消失する。しかし,ごくまれに成人まで続く場合もある（帆足,2003）。

　夜尿症の原因にはいろいろな説があるが,一般的に多いのは,「尿量と膀胱の大きさの問題」である。その他には,自律神経のバランスの問題,睡眠障害,心理的ストレス（他のきょうだいの誕生や両親の子どもへのかかわり方など）,膀胱や腎臓の器質的な異常（尿路感染症,糖尿病など）なども関係があるといわれている。

　就学した子どもの場合,合宿や課外学習などで宿泊の機会も増えるため,夜尿症が気になることが多い。また,子どもの夜尿のことで悩んでいる親や,悩んでいても相談できずにいる家族も少なくない。

　夜尿症の対策としては,一般的には,就寝前の数時間前から水分摂取を制限する,就寝前にトイレに行かせる,体を冷やさないなどが効果的である。このような家庭でできる生活上の対策以外にも,夜尿症のタイプによっては,薬物療法やアラーム療法などが行なわれることもある。

夜尿症によって，子ども本人がコンプレックスをもつことも多い。そのため，「夜尿をしても怒らない」「夜尿をしなかったらほめてあげる」など，家族のサポートはとても重要である。

② 頻尿

いろいろな原因で尿の回数が増える状態のことを頻尿という。一般的には，日中8回以上，夜間睡眠時に3回以上，合計で1日8回以上トイレに行く状態のときは頻尿という。わかりやすく言えば，「おしっこが近い」状態である。

大人でも，過度に緊張したり，心理的にストレスがかかったりしたときには，少し尿がたまっただけでもトイレに行きたくなることがある。

子どもの頻尿の場合，それが排尿機能に問題があるのか，病気から起こるのか，あるいは心因性のものなのかを見極めることが必要である。頻尿という症状から考えられる主な病気には，膀胱炎や尿路感染症などが考えられる。病気でない場合は，尿意を感じてから，トイレに行くタイミングがうまく掴めていないことも考えられる。排尿の間隔が短い子どもの場合，トイレに間に合わずに，衣服などに排尿してしまうこともよくある。

幼児の場合，心因性の頻尿である「神経性頻尿」が多く，心や身体に何らかのストレスがかかることが原因であるといわれている。

仁里（1992）によれば，神経性頻尿の特徴は，昼間多いときで数分間隔から，数十分間隔で尿意を催すが，夜間（就寝後）はみられないことである。この症状は，年齢や性別に関係なく起きるが，子どもの場合，入園・入学期にあたる3歳ごろや6〜7歳ごろが多く，これらは新しい集団への不適応やきょうだい間，親子間での葛藤により起こるといわれている。

幼児の頻尿の場合は，幼児本人よりも，何度もトイレに連れて行かなければならない親の負担が大きいといえよう。「トイレットトレーニングの失敗が原因なのではないか」，または「親のしつけが原因なのではないか」と，両親が心配するケースもある。このような場合，両親への助言指導や子どもに対する遊戯療法，箱庭療法などが試みられることもある。

頻尿に関しては，夜尿と同様に，「怒らない」ことが大切であるといわれている。子どもが「おもらしをしたらまた叱られる」と思うことによって，頻尿の症状は悪化する場合がある。

(3) 不眠，夜驚

①不眠

　食事・排泄と並んで，睡眠は子どもにとって基本的な生活習慣であり，生活していくために欠かせないものである。1日の生活リズムにおいて，睡眠のリズムが崩れることは，子どもの成長にとって大きな影響を及ぼすといえる。

　乳幼児の睡眠のメカニズムは，大人とは異なっている。生まれて間もない乳幼児は1日のうちほとんどを寝て過ごす。成長過程にある赤ちゃんや子どもは，多くの睡眠をとることで，たくさんの成長ホルモンを分泌させている。つまり，眠ることが成長にとって必要不可欠だということである。

　乳幼児が大人と同じ睡眠メカニズムになるのは，5～6歳ごろになってからであるといわれている（石井，2008）。特に，新生児の時期は，眠りが浅い状態であり，いつも目覚めやすい状態であるといえる。

　乳幼児の不眠の場合，その原因はいろいろと考えられる。空腹だったり，温度が暑い／寒いなど，また体の具合が悪かったり，まわりの環境がいつもと違うなど，様々である。眠りが浅いためにすぐに目を覚ましやすいということもある。その他に，自閉症や注意欠陥多動性障害などの発達障害がある場合には，不眠や夜間覚醒，早朝覚醒が認められることがある（神山，2008）。

　大人に近づくにつれて，睡眠は深くなり，夜に目覚めたり，夜中に泣いたりすることは少なくなる。乳幼児が成長してくると，徐々に午睡と夜の2回の睡眠になる。なかなか眠れないという場合，起床と就寝時間のリズムを整えるとともに，日中の運動量にも気をつけるとよいといわれる。体を動かしたり遊んだりすることにより，心地よい疲れを感じることで，ぐっすりと眠ることが可能になる。

　最近，大人だけでなく，子どもたちの間でも不眠が問題になっている。これには，少なからず大人の生活習慣やライフスタイルも影響しているのではないだろうか。太田（2006）によれば，現代の先進諸国では，生活環境や労働形態の変化によって，遅く眠り，遅く起きる生活になり，睡眠覚醒リズムがふつうの生活スケジュールとズレてしまう「概日リズム睡眠障害」という病気を現代人が発症するようになった，という。これにより，生活が「宵型化」しており，これが子どもたちにも影響を及ぼしているという。夜遅くまでテレビやビデオ

などを見ていて，朝起きる時間が遅くなるということはよくあることである。

　1日の生活のリズムが崩れていたり，その日によって異なったりしていると，睡眠が困難になるだけでなく，食欲や集中力の低下，体がだるかったり，やる気がなくなったり，怒りっぽくなったりと，身体面や心理面に影響を及ぼすこともある。早寝早起きをし，規則正しい睡眠をとることが，子どもの成長と発達には必要である。

②夜驚

　子どもが1歳後半〜2歳ぐらいにかけて，睡眠中に寝言をいったり，夜泣きをすることがある。日中に起きた出来事や，自分の要求が通らなかったときに，それが寝言や夜泣きとして現われるといわれている。これは，子どもが成長して記憶力が増したことによる，精神面の発達の現われでもある（田中，2009）。

　子どもの睡眠中に起こる症状として，「夜泣き」とは違う「夜驚」がある。夜驚については，ICD-10の中にも記述されており，非器質性睡眠障害の項目に含まれる。別名を睡眠時驚愕症（sleep terrors, night terrors）ともいう。

　夜驚とは，子どもが入眠後1〜2時間ころに起きる反応で，大声で泣きわめいたり，布団のまわりを走り回ったりする睡眠障害の1つであり，夢中遊行を伴うことが多い。2，3歳ごろから起こるといわれ，10歳以上ではまれである（小川，1992）。

　ICD-10によると，症状としては，睡眠から，恐怖の叫び声とともに覚醒することをくり返したり，強い不安を見せ，体を動かし，心拍数があがって呼吸が速くなる。そして，これらは主に，睡眠に入って最初の3分の1の時間に起きる。特徴的なのは，他人が対象者をなだめようとしても反応がなく，本人が夜驚の間の出来事を部分的にしか思い出せないことである。

　これらの原因としては諸説があるが，遺伝の影響を受けているもの，発達に伴う一過性のもの，あるいは心理的ストレスによるものなどがあると考えられている。夜驚の症状が出たときには，無理に起こしたりせず，危険のないように見守ることがよいとされる。夜驚症は思春期になると消失するといわれており，睡眠や生活のリズムを整えることが大切である。

第1節　乳幼児の発達と心理臨床

2．身体的・知的な発達における問題
（1）指しゃぶりと爪かみ
　乳幼児や年少児童は大人に比べて心身が未分化な状態にあり、言葉での表現も十分にできないため、ストレスや緊張などからくる情緒的な反応を身体の症状や行為として表わすことが少なくない。その中の1つとして、指しゃぶりや爪かみなどに代表される身体をいじる習癖がある。指しゃぶりも爪かみも、子どもの成長過程の中で頻繁にみられるものである。多くは一過性で問題として捉える必要はないが、年齢的に考えて不相応な時期にみられるものや、強度で持続的である場合には、医療的、心理的支援を必要とすることもある。

①指しゃぶり

　指しゃぶりは、様々な身体をいじる行為の中で代表的なものである。多くの乳幼児にみられる行為で、指をしゃぶったまま生まれてきた赤ん坊の珍しい例も報告されている（高木、1960）。爪かみとともに、ほとんど一過性のものである。

　出現頻度については、金子（2006）はいくつかの研究の結果をまとめて、1歳半の子どものおよそ30％、3歳でおよそ20％、4歳児でおよそ10％の子どもで認められると報告している。また、年齢があがるほど減少し、性差はないともいわれている（田中、2002）。

　原因については、いくつかの見解がある。1つは、何でも口にもっていく時期であり、偶発的に始まった生理的現象や吸啜反応のために生じるという見方である。また、空腹、退屈、不安な状況を回避する行為であるとか、必要な栄養以外の吸啜運動が十分に得られなかったり、咬筋運動の満足が得られなかったりしたための代理満足行為であるともいわれている。その他、入眠時に安心感を得るために、哺乳の行為の代替行為の1つともいわれている。いずれにしても、乳幼児期の指しゃぶりは、特に問題にする必要のない発達過程の中での行動である。

　幼児期以降も指しゃぶりが続いている場合には、それ以前とは少し違う見方をしていく必要がある。岡田（1988）は、基本的には自己愛に満足を得ている行為、退行症状であると述べている。そのため、きょうだいの出生に伴い、生じやすくなる場合も多い。また、子どもが置かれている環境において何らかの

強い緊張を強いることで，自己刺激によって安心を得ようとする行為に結びつくとも考えられている。

したがって，強制的に止めさせることは意味がなく，かえって子どもに不快感や罪悪感を与えることになってしまう。指しゃぶりによる自己刺激を他者（主に養育者）との刺激に置き換えたり，他のものに興味を向けさせたりするなどの対処が必要であろう。

なお，過度の指しゃぶりは歯並びやかみ合わせ，下あごの発達に影響が出る場合もあり，矯正などについて歯科医に相談することが必要な場合もある。

②爪かみ

爪かみは，指しゃぶりよりも高年齢である4～5歳くらいに出現し，その頻度も多い。また青年や大人にも認められる習癖である。手の指だけでなく，足の爪も噛む子どももいる。爪だけでなく，指の皮を噛んだりむしったりすることも多い。

指しゃぶりは，他にすることがないときや，リラックスした状態のときに出現しやすい。爪かみは，同じように出現頻度の多い習癖行動だが，指しゃぶりとは違い，叱られたり，困難な課題に直面したりしたときに生じる攻撃性や，緊張を伴う興奮の抑圧から生まれるともいわれている（秋山，1975）。

爪かみをする子どもには，睡眠障害やチックが随伴しやすく，これも心的緊張が高まりやすいためと考えられる。しかし，こうした不安レベルとは関係性が乏しいとの報告もある（田中，2002）。

爪をすべて咬んでかじりとってしまうほどの強度な爪かみは，広汎性発達障害や知的障害のある子どもに多く，これは，常同的な自傷行為と考えるべきであろう。常同的な自傷行為としての強度な爪かみによる出血や感染症以外は，指しゃぶり同様，無理に止めさせることを控えたほうがよい。具体的な対処方法としては，他の遊びや活動に目を向けさせ，気持ちを切り替えさせることによって，爪かみ以外のことに興味を向けられるようなはたらきかけをしていくのも1つである。しかし，爪かみを止めさせることは困難な場合も多く，叱責をすることで，本人の自己評価を低くすることにもつながりかねないため，身体的に支障がなければ，無理に止めさせることはない。

（2）音韻障害

これまで発達性構音障害（構音障害）とされていたものが，DSM-Ⅳ（精神障害の診断と統計の手引き）により，音韻障害（phonological disorder）と改称され，概念の説明も変更された。DSM-Ⅳ-TR（text revision of the DSM-Ⅳ）*では，「会話中，年齢およびその地域の言葉として適切であると発達的に期待される音声を用いることができず，そのことが，学業的または職業的成績や対人的コミュニケーションを妨害している」との診断基準を設けている。「期待される音声を用いることができない」とは，音声の産出，使用，表現，構成の誤りなどがあげられている。またk音をt音に置き換えたり，語尾の子音が省略されたりしてしまうことも含まれる。

この診断基準に従えば，3歳の幼児が「ウサギ」を「ウタギ」としか言えなくても音韻障害とはいえないが，7歳児が「ウタギ」としか言えなければ，音韻障害といえる。

単語を中心に考えると，音韻障害の症状は，"省略"（「ウサギ」を「ウーギ」あるいは「ウアギ」〈saのsを省略〉と言う），"置き換え"（「ウサギ」を「ウタギ」という），"歪み"（他の音にはっきり置き換わっていない，何を言っているのかはっきりしない），"付加"（「サカナ」が「サンカナ」のように別の音が付加される）などがある。他にも音レベルでの症状もある。

DSM-Ⅳでは，精神遅滞や言語運動，感覚器の欠陥（聴覚障害など），環境的不備が存在する場合には，言語の機能不全がそれらの問題に伴う水準より重篤でなければならないとされている。しかし，一般的な音韻障害は，器質面や環境要因，運動障害を伴うものではなく，発達性の音韻障害を指すことが多い。頻繁な構音の誤りや音の代用，省略は「赤ちゃん言葉（幼児音）」の印象を与え，音韻障害をもつ子どもは，話し言葉において，実際の年齢より幼く見られやすい。

通常の言語の発達では，生まれたばかりの乳児は，音声を発する表出表現は快・不快を表わす泣き声に限られているが，やがて5〜6か月もすると喃語が出現する。その後，〈m，p，b，w音〉などの両唇音や，〈n，t，d音〉などの歯茎音など，様々な語音を発するようになる。有意味としての初語が出現するのは，12か月前後といわれている。「ママ」「パパ」「ワンワン」などの両

唇音で構成されているものがほとんどである。その後，有意味語は著しく増加し，2歳までに200語以上，3歳までに800語以上，4歳までには1500語以上獲得するといわれている。個人差はあるものの，ほとんどの子どもが4～5歳になれば，構音の発達もほぼ完成し，文法的にもリズムやアクセントなどの言葉の調子のうえでも，成人と会話がかわせるようになる。

報告されている子どもにおける音韻障害の発生率は，調査した子どもの年齢や方法によって様々であるが，いくつかの研究では，12歳未満の子どもにおける発達性音韻障害は7～8％と報告されている。この障害は女子よりも男子に2～3倍多くみられる。青年期中期から後期に入ると，発生率は0.5％以下に下がる（Sadock & Sadock, 2003）。

音韻障害の経過は原因によって様々であるが，中度，軽度のものは6歳までに自然に正常な発音をするようになることが多い（中根，2002）。

言語療法は，大半の音韻の誤りの治療にもっとも効果があると考えられているが，言語療法が必要とされるのは，子どもの構音がひどく不明瞭である場合である。音韻障害児が年長学齢児であると，言語の問題が友人関係や勉強，自己評価の低下や悪化につながることもある。したがって，音韻障害をもつ子どもの社会性を助ける活動や支援が必要である。また，両親へのカウンセリングや子どもの友人関係や学校での行動を観察することは，会話と言語の障害が原因となる社会的な障害を最小限にとどめるために有益であろう。

子どもは環境の変化や不安感の高まりによって，言語発達に退行が生じ，「赤ちゃんがえり」をして，構音が不明瞭になる場合もある。その場合には，無理に言葉を直させるのではなく，子どもの心理面の安定を支援していく必要がある。

＊ DSM-Ⅳ（精神障害の診断と統計の手引き）は，1994年に発表されたアメリカ精神医学会が定めた精神疾患に関するガイドラインであり，世界保健機関による疾病および関連保健問題の国際統計分類（ICD）とともに世界各国で用いられている。DSM-Ⅳ-TR（text revision of the DSM-Ⅳ）は，2000年に発表され，2013年にはDSM-Ⅴが発表される予定で，ICD-10との統合も検討されている。

（3）吃音

　吃音（Stuttering）は，話し言葉の流れが不随意に中断してしまう様々な動作が特徴である。DSM-Ⅳ-TR では，吃音はコミュニケーション障害の1つに分類され，「正常な会話の流暢さと時間的構成の困難で，以下の1つまたはそれ以上のことがしばしば起こると定義されている。①音と音節のくり返し，②音の延長，③間投詞，④単語が途切れること，⑤聴き取れる，または無言の停止，⑥遠回しの言い方，⑦過剰な身体的緊張とともに発せられる言葉，⑧単音節の単語の反復（例：「てーてーてーてがいたい」）」そして，その流暢さの障害が「学業的，職業的成績，または対人的コミュニケーションを妨害している」と定義されている。

　吃音の初期段階では，本人は気づかないが，やがてまた吃音が起こるのを恐れるようになったり，ストレスや不安で悪化したりする。また，随伴運動としてまばたき，唇の震え，頭部のけいれん，大きく息をつくなどの症状がみられることもある。読んだり，歌ったり，ペットや人形に話しかけるときには吃音が消失するとの報告もあり（中根，2002），対人コミュニケーションにおける緊張感との関連が示唆されている。

　有病率は，思春期前の子どもで約1％だが，青年期になると0.8％と減じる。罹患者の60％ほどに自然治癒がみられ，通常，それは16歳までに80％が回復し，0.3％が生涯にわたって続くといわれている。吃音の始まりはほとんどが10歳以前で，5歳前後が症状の始まりのピークとされる。男子に多く，男女比は3：1とされる（中根，2002）。

　吃音の発症と進展を，バン・ライパー（Van Riper, C.）は4段階に分けて説明しており，それを府川（2008）は次のようにまとめている。第1段階は，何らかの素因をもった子どもが，ある出来事をきっかけにどもり始め，その話し方を自覚しないで学習していく段階である。この段階では，生活・言語環境を調整することで吃音を治癒していくことができる。第2段階は，誰かの注意・自身の気づきによって，どもることに驚きと困惑を感じる段階である。第3段階は，吃音がかなり強固に学習されていて，子どもは会話をすることへのストレスが高まる。また，随意症状も伴い，子どもをさらに苦しめるようになる。そして，第4段階は，子どもはどもることを恐れ，話す場面を恐れるようにな

る。このように重症化していった場合，専門的な支援が必要になり，養育者には吃音の受容と環境調整のためのカウンセリングも必要となる。

デニルら（De Nil et al., 2000）の吃音者と非吃音者の黙読，音読におけるPET研究（ポジトロン断層法）では，音読時に吃音者は，非吃音者に比べて大脳の右半球が活性化されていることがわかった。こうした結果は他の研究者からも報告されている。右半球は韻律処理を行なっていることから，吃音者は音読に際して自己の発話の韻律を非常に警戒し，チェックしようとするので，右半球が活性化するのではないかと府川（2008）は述べている。

また，行動レベルでの発声発語の特徴を捉える研究に，遅延聴覚フィードバック法（delayed auditory feed back：DAF）がある。吃音者と非吃音者のDAF感受性を調べた結果，吃音者（特に男性）は非吃音者（特に女性）より有意にDAF感受性が高く，発声発語を聴覚に依存して遂行していることがわかった（中根，2002）。通常，発声は口腔の広さ，顎の開きなどの様々な筋肉運動を協調させることによって音を発生させ，音節を組み合わせ，強弱をつけることによって流暢に会話を進めていくが，このような運動プログラムが，聴覚性の遅延フィードバックによってかき乱されるのが吃音の状態であると考えられる。

斉読やメトロノーム法による行動療法では，流暢な発話がなされると，それを聞きながら音読している吃音者にポジティブな自己評価を与え，発話はますます流暢になる。吃音治療は突き詰めると吃音の受容であり，吃音受容を容易にすることが，言語症状の改善につながっていく。

伊藤（2002）は，吃音に対する支援の方法を直接的アプローチと間接的アプローチに分けて説明している。間接的アプローチとは吃音や話すことへの恐れを進展させないように，養育者の態度や家庭環境，保育所等の生活環境を整えるアプローチである。直接的アプローチとは，吃音症状そのものに直接対処するアプローチで，子どもの話し方とそれに関連する行動を直接取り上げたり，指導したりするものである。日本では吃音を意識させないため間接的アプローチを用いることが多いが，学齢期の子どもはすでに自分の話し方を意識している可能性が高いので，むしろ，吃音についてオープンに話し合い，受容的な雰囲気の中で，吃音と向き合えるように支援していくことが必要であろう。その際には，支援者側は吃音に対して十分な基礎知識があることが不可欠である。

3．社会的・人格的な発達における問題
（1）分離不安

　人間は生理的早産といわれ、一人で生きていくには未熟な存在として誕生する。乳幼児は、生命を維持するためにも養育者に依存せざるをえない。ボウルビィ（Bowlby, J.）は、そのような特定な他者との間における緊密な情緒的結びつきを「愛着（attachment）」とよんだ。対象は主に母親であり、母親を安心の基地として自立していくのである。

　乳幼児は、生後3か月をすぎると人物を分別する能力が育ち、特定の人物、主に母親に対して愛着行動がみられるようになり、母親の姿を追い求めたり、姿が見えないと泣き出したりする。6か月を過ぎると、人物の分別がさらに進み、身近な人には親密な行動をとるようになり、反対に見知らぬ人には恐怖心や警戒心を抱くようになる。このころから、人見知りや分離不安が多くみられるようになる。

　マーラー（Mahler, 1975）は、このような乳幼児の発達を分離固体化理論で説明する。マーラーによると、乳幼児は、生後4か月までは母親との一体感の世界に生きているが、5～36か月は分離個体化の過程を示すという。また、心が複雑に分化し、運動能力や認知能力も急速に高まる15～24か月を「再接近期」とよんだ。この時期は、母親から分離した一個の人間であることを意識するが、分離しようとすると母親に見捨てられるという不安が強くなり、母親に再接近してしがみついたり、母親の存在を強く求めたりする行動がみられる。このような両価的な感情を経て、母親からの分離が成立するのである。この最接近期における「分離不安（separation anxiety）」を乗り越えることは幼児にとって重要な発達課題である。

　分離不安とは、愛着のある母親や身近な人物、または家など安心できる場所から離れるときに生じる不安をいう。愛着が形成されている場合、分離不安が起こるのは正常な反応であり、成長の過程で不安を克服し、自然に消失するものである。この不安感が強く、様々な身体症状や問題行動が現われ日常生活に支障が出る場合、分離不安障害が考えられる。主な症状としては、頭痛、腹痛、吐き気などの身体症状、赤ちゃん返りや夜尿、悪夢をみるなどの行動があげられる。母子分離不安が強い場合、保育園や幼稚園に登園してもなかなか母親と

離れられず大声で泣き続けたり，登園拒否の原因になったりすることもある。

　小児期の分離不安障害は，家庭または愛着をもっている人からの分離に対する不安が，発達的にみて不適切に過剰な場合に診断される。DSM-Ⅳ-TR（精神障害の診断と統計の手引き）の診断基準では，以下の項目のうち3つ以上が認められ，4週間以上持続して，不安症状がみられる場合をいう。

- 家庭または愛着をもっている重要人物からの分離が起こる，または予測される場合の反復的で過剰な苦痛
- 愛着をもっている重要人物を失う，またはその人に危険がふりかかるかもしれないという持続的で過剰な心配
- 厄介な出来事によって，愛着をもっている重要人物から引き離されるのではないかという持続的で過剰な心配
- 分離に対する恐怖のために，学校やその他の場所へ行くことについての持続的な抵抗または拒否
- 1人で，または愛着をもっている重要人物がいないで家にいること，またはその他の状況で頼りにしている大人がいないことに対する持続的な抵抗または拒否
- 愛着をもっている重要人物が側にいないで寝たり，家を離れて寝ることに対する持続的な抵抗または拒否
- 分離を主題とした悪夢のくり返し
- 愛着をもっている重要な人物から引き離される，または分離が起こる，または予測される場合の反復する身体症状の訴え（例：頭痛，腹痛，嘔気，または嘔吐）

　分離不安障害を引き起こす原因としては，身近な人やペットの死，親の離婚，転居などの環境の変化が引き金になる場合があるが，そのような場合でも，母子関係の安定性が大きく左右する。子どもに強い不安がある場合，母親はその不安を受けとめていくことが大切であるが，そのためには母親の精神的な安定も欠かせない。登園しぶりの場合，登園時には泣いていても母親と引き離してしまうとパタリと泣きやむ場合がある。そのような場合も，不安を抱えて生活していることが考えられるので，あたたかく接して見守っていく必要がある。

(2) 愛着障害
①愛着理論と愛着のパターン
　愛着理論は，子どもの家族経験や社会的情動的な発達における関係を示す理論である。イギリスの児童精神医学者であるボウルビィ（Bowlby, 1969）は，乳児と母親の間に形成されるあたたかい人間関係を愛着（アタッチメント，attachment）とよんだ。子どもは，愛着の対象者（主に母親）を安全基地として利用し，外界を探索する。子どもの要求に対して，養育者がやすらぎや保護，援助などの反応を示すことで両者の絆はいっそう深まる。

　このような特定の他者との間で永続的な関係が形成されることにより，子どもは，心身ともに健康に発達するのである。ボウルビィは，乳児期に形成された養育者に対する愛着はそのままの形で持続されるのではなく，時間の経過とともに自己と他人に対する信念として再構造化されると強調した。

　エインズワースら（Ainsworth et al., 1978）は，子どもの愛着行動の指標として「回避型」「安定型」「抵抗型」「無秩序型」に分類し，その行動パターンを観察した。その他，多くの研究者によって，愛着のパターンと子どもの社会情緒的な発達の関係性について興味深い研究報告がなされている。リヴィーら（Levy et al., 1998）は「不安定な愛着を示す乳幼児，特に回避型愛着を示す乳幼児は，より攻撃的で衝動的であり，子どもたちの学齢期の間，仲間や養育者に対して，より大きな葛藤をもつこととなる」という。また，「抵抗型」の子どもたちについても，攻撃性を含んだ困難な問題を抱える可能性が強いと述べている。

　さらに，愛着が形成されにくい子どもたちの背景として，胎児期におけるドラックやアルコールなどの摂取，乳幼児期における身体的・情緒的なニーズに対するネグレクト，虐待，暴力，また複数の養育者の存在などとの関係を指摘している。それらの要因が，不安定な愛着となり，子どもたちの低い自尊感情，自己コントロール能力の欠如，友人関係形成のスキルの欠如を招く。さらに，反社会的行動，暴力や攻撃性，行動面や学習面の問題，情緒的感情の未発達など，重大な問題を抱える可能性についても指摘している。

②愛着障害の概要と特徴
　愛着と関連する障害として一般に知られているのが，乳幼児や初期の子ども

時代に現われる反応性愛着障害（reactive attachment disorder）である。

　一般に愛着障害というと，愛着上の課題として捉える場合と，診断名として捉える場合とあるが，障害として認識・分類されたのは1980年に発表されたDSM-Ⅲからである。DSM-Ⅳ（1994）では，DSM-Ⅲの診断基準を多く修正・補完した上で，反応性愛着障害について「5歳未満に始まり，ほとんどの状況において著しく障害され，十分に発達していない対人関係を示す障害」と定義し，以下の2つのタイプに分類している（表2-1）。

表2-1　反応性愛着障害のタイプ

タイプ	特　徴
抑制型	対人的相互作用のほとんどで，発達的に適切な形で開始されたり反応したりできないことが持続しており，それは過度に抑制された，非常に警戒した，または非常に両価的で矛盾した反応がみられる。
脱抑制型	拡散した愛着で，愛着対象選びにおける選択力の欠如，無分別な愛着の形成がみられる。

　またWHO（世界保健機関）で発表されたICD-10においても，反応性愛着障害は，「不健全な育児（親のひどい無視，虐待，深刻な育児過誤など）の直接的な結果として起こりうる社会的関係性の障害」と定義し，小児期の社会的機能障害の1つとして，臨床記述と診断のガイドラインを示している。

　愛着障害の子どもは，運動発達の遅滞を伴うことがあり，攻撃性，衝動性，敵対性，注意力維持の欠如などADHD（注意欠陥多動性障害）の子どもとよく似たような症状がみられ，同じ言葉をくり返す言語障害の子どもとも類似している。症状が似ているため，自閉症と混同されることもあるが，社会的な関係性の形成や異常行動から，自閉症児と言語障害の子どもとは区別される。また，親密な関係を築くことが，治療の重要な基本となることも，自閉症とは異なる点である。

(3) 場面緘黙症（選択性緘黙症）

　子どもが発達していくうえで様々な困難に悩まされることがあるが，その1つに情緒障害がある。情緒障害とは，「さまざまな要因によって情緒的側面に障害が生じ，その結果，不適応状況を引き起こしていること」（林，1980）と定義されるが，DSMによると，情緒障害は，「分離不安障害」「場面緘黙」「反応性愛着障害」などとして捉えられている。

①場面緘黙症の概要

　緘黙症は，症状の出方により，生活場面のどの場所でも話さない全面的緘黙症と，ある特定の状況で言葉が出なくなる場面緘黙症がある。場面緘黙症（selective mutism）は選択性緘黙症ともいわれるが，言語能力においてはほぼ正常であり，親やきょうだいとはふつうに話せるのに，特定の場面（例えば保育所や幼稚園，友だちの前など）において，まったく話せなくなってしまう心因性の障害を指す。

　これは単に人見知りをするとか，恥ずかしがり屋であるため自分の意思のもと特定の状況で話さないことではなく，話そうとしても極度の不安のため，まったく声が出ない状態である。場面緘黙症の子どもの多くは先天的に不安になりがちな傾向があり，何らかの理由で話すことが要求される場面で強いストレスや不安を感じ，その結果，自分自身を守るために言葉が発せなくなり，それが習慣化してしまったと考えられる。行動面や学習面などでは特に問題をもたない。

　場面緘黙症は，一般的に2〜5歳まで発症するが，多くの場合は，疾患に対する理解や知識が不足しているため，適切な診断や治療が不十分である。また，その原因を，単に引っ込み思案の性格によるものだと考え，そのままにしてしまうケースもよくみられる。場面緘黙症は，早期の適切な介入が大切であり，効果的な教育的介入によって1〜2年で治療できる場合も多く，治療実績も多いが，必ずしも年齢とともに自然に改善されていくわけではなく，成人まで続く場合もある。

②場面緘黙症の子どもの特徴

　場面緘黙症の子どもは，話をしないだけでなく，友だちと遊ぶなどの社会的交流においても，極度の不安や緊張から身体が硬直してしまい，行動や動作な

ども緩慢になることがある。また,場面緘黙症の発症する重要な要因として,キム(2003)は,多くの研究の成果をレビューし,①子どもの過敏さ,②言語発達の重要な時期である5歳までの心理的ショック,③不安定な環境要因,④家族間の葛藤の4点をあげている。

　一般的に,障害の多くは様々な他の問題を合併しているが,場面緘黙症の場合,社会恐怖症,分離不安,強迫的傾向が指摘できる。また,発達障害や発達上の問題(例えば,軽度精神遅滞,アスペルガー症候群,発達性協調運動障害,コミュニケーション障害)も,一般の子どもと比較して発症する頻度が高い。

③治療および教育的な対応

　場面緘黙症は,一般的な治療法があるわけではなく,発症の原因によって適切な治療方法を選ぶ必要があり,その経過をみながら効果的な治療法を選択する。最も治療実績の多い治療法は行動療法であり,その他,家族療法,薬物療法などがある。大切なことは,子どもにプレッシャーをかけず,子どもの緊張や不安を軽減させ,安心できるように雰囲気づくりをし,おおらかな態度で受容的なかかわりをもって接していくことである。また場面緘黙の状態が長く続けば続くほど,子どもの扱いにくい行動が著しくなり,集団の中でいじめのターゲットにもなりうるので,学校は,場面緘黙症の子どもの対人関係の形成や社会的適応行動において細心の注意を払い,教育的支援を提供しつつ,他の子どもへの理解を図る必要がある。

表2-2　DSM-Ⅳによる場面緘黙症の診断基準

・他の状態では話すことができるにもかかわらず,特定の社会状況(話すことが期待される状況,例えば,学校)では,一貫して話すことができない。
・この障害によって,学業上,職業上の成績または社会的な意志伝達が妨害されている。
・障害の期間は少なくとも1か月以上である(学校に入学した1か月間は含まれない)。
・話すことができないのは,その社会状況で要求される言語に対する知識がなく,その言語がうまく話せない理由からではない。
・コミュニケーション障害(例えば,吃音症)ではうまく説明されず,広汎性発達障害,統合失調症またはその他の精神病性障害の経過中のみ起こるものではない。

4．知的障害・発達障害
（1）精神遅滞（知的障害）
①精神遅滞とは

　精神遅滞と知的障害は，同じ内容を指す用語だが，前者は医学や心理学を中心として，後者は教育の分野で用いられることが多い。精神遅滞（mental retardation）は，DSM-Ⅳ-TR によると，①知的機能における制約，②適応機能における制約，③18歳以前に生じる，という3つの基準で判断される。知的機能の制約とは，知的能力が低いことをいう。知能検査の結果で，IQ（知能指数）が70またはそれ以下とされている。適応行動における制約とは，コミュニケーション，自己管理，家庭生活，社会的・対人的技能，地域社会資源の利用，自律性，発揮される学習能力，仕事，余暇，健康，安全などのうち，2つ以上の能力に障害があり，社会生活にかかわる能力が低いことをいう。18歳までの発達期においての発症では原因は問わないが，18歳以降の事故による後遺症や認知症などによる知能の低下は精神遅滞とはいわない。したがって，精神遅滞とは，これら3つの条件から，総合的に判断されるもので，同じIQでも適応能力に個人差があり，IQが低くても，社会適応能力がある場合は，精神遅滞とは診断されない。

　精神の発達が遅れている状態を表わす用語は，国や立場によって異なる。1960年代のアメリカでは，医学や心理学の分野では精神遅滞とよばれていた。一方，日本では，1950年代から学校教育法で精神薄弱という用語が使われていたが，1998年に法改正があり知的障害に変わった。この他，精神発達遅滞，知的発達障害などともいうが，それらは同じ障害を示す用語として使われている。

②発生時期と原因

　医学の進歩により，精神遅滞の原因の解明は進んでいるが，ほとんどは特定できていない。主なものとしては，脳の発達障害による生理的要因，病気や損傷などによる病理的要因，児童虐待など脳の発育に不適切な環境要因があげられる。生まれる前に発生していることが多く，原因がはっきりしているものとして，先天性代謝異常やダウン症候群などの遺伝子異常や染色体異常などがある。また，妊娠中では，感染症，有機水銀などの毒物，アルコールなどの影響

や，母体の代謝異常が原因で脳の発育が妨げられる場合などがある。周産期では，分娩仮死状態，酸素不足・脳の圧迫などの出産時の事故によるものが多い。出産後では，日本脳炎や結核性髄膜炎，ポリオ，麻疹，百日咳による脳炎などの感染症や高熱による後遺症，頭を強く打つなどの脳の外傷事故などが原因で起こることがある。

③精神遅滞の程度

　精神遅滞の重症度について，ICD-10の診断基準に基づいて4つに分類する。

■軽度精神遅滞（IQ50〜69）　言語習得は遅れるが，日常的な会話が行なえる。摂食や洗面，着衣など身のまわりのことは自分でできる。職業も複雑な仕事でなければ可能である。

■中等度精神遅滞（IQ35〜49）　言葉の獲得や学力の発達は，個人差が大きい。適切な訓練や教育によって，小学校低学年程度の学力を身につけられる者もいる。身辺処理はだいたいでき，適切な指導があれば，集団活動への参加や，単純作業の職業に就くこともできる。

■重度精神遅滞（IQ20〜34）　中等度精神遅滞と近い状態であり，簡単な会話やある程度の意思伝達ができるようになり，適切な指導のもと単純な社会活動に従事する能力をもっている。

■最重度精神遅滞（IQ19以下）　意思を伝達することが難しく，動くことが困難で寝たきりの場合も多い。身辺処理はほとんど不可能で，常に保護が必要な状態である。

④就学に向けて

　知的障害児は，適切な指導のもとで可能性を引き出すことにより，いろいろな能力を身につけることができる。そのためには，早期に発見し，早期療育を行なうことが望ましい。就学以前に利用できる施設としては，地域により異なるが療育センターや特別支援学校の幼稚部などがある。小学校からは，特別支援学校や特別支援学級があり，その他通常学級に在籍しながら通級教室で個別の指導を受ける地域もある。どのような場で学ぶかは，慎重に選択しなければならない。就学前に，市区町村の教育委員会で行なわれる就学相談を受け，学校見学することもできる。十分検討したうえで，一人ひとりの力を伸ばしていくためにどの場で学ぶか，その子に合った環境を選択することが大切である。

(2) ダウン症候群

「IQ からいえば知能が低く，虚弱でもあるけれど，性格は愛情豊かで心和まされずにはいられない」——これはダウン症の次男の成長記録を 20 年以上つけ続けた正村公宏（2001）氏の手記の一節である。

人は 22 対，44 本の常染色体と 1 対，2 本の性染色体の 46 本の染色体をもっているが，ダウン症の多くは，21 番目の常染色体が 2 個の対ではなく，3 個になるトリソミー型（三染色体性）で，95％以上が突然変異により起こる。ダウン症の診断は，出生時または出生前に下されるため，この診断に対する家族の適応は早い時期から始まる。近年では，ダウン症の人の一生に関する情報や知識が増えたため，ダウン症の子どもの家庭内での養育が促進されている。

ダウン症候群の原因として，特に親には特別な障害はないが，女性の出産年齢が高くなるにつれ，頻度が増加する傾向が報告されている。ダウン症の子どもの母親の 90％は 35 歳未満であるが，24 歳では 1,500 人の女性に 1 人，40 歳のときには 100 人に 1 人の割合になるという。また，イギリスでダウン症の子どものいる 195 の家庭を調査した結果，妊娠時の母親の平均年齢は 33.5 歳であり，要因の 1 つとして，母親の妊娠時の年齢が指摘されている（Siegfried, 1988）。表 2-3 で示すように，ダウン症の子どもが生まれる可能性は，母親の妊娠時の年齢とともに上昇すると考えられる。

表 2-3　母親の年齢別ダウン症候群出産頻度
（昭和 54～59 年）（冨岡・沢田，1987）

年齢	分娩数	ダウン児数	出現率%
～19 歳	185	0	0.000
20～24 歳	3,740	23	0.615
25～29 歳	13,543	133	0.982
30～34 歳	7,996	124	1.551
35～39 歳	1,751	77	4.397
40 歳～	219	32	14.612
計	27,434	389	1.418

ダウン症の子どもは，一般的に感じがよく，すなおで，機嫌がよく，明るく，社交的であるといわれている。ダウン症の最初の報告者であったイギリスの眼科医ダウン（Down, 1887）は，自分の患者たちのことを「まるで物まね師の

ように物まねがうまい。ユーモアがあって，おかしさのセンスがあるので，物まねがいっそう効果的に見えることが多い」と述べ，陽気な社交性を示唆している。このような性格特性・行動特性は思春期まで続くことがある。また，ダウン症の子どもには，中等度精神遅滞，特徴的な顔貌のほか，筋緊張低下，低身長，小頭症，短い手足が認められる。その他，合併症として，循環系や消化官に関する先天的異常，白血病，感染症が通常より多く発見されている。

　一方，ダウン症の子どもたちは，恥ずかしさや不満，無気力，抑うつ感情のため，自尊心が低いとされるが，ダウン症の子どもが肯定的な自尊心を育み維持することは，健全な成長のために極めて重要である。以下はダウン症の子どもに自信をもたせるため立案されたガイドラインの一部である（Siegfried, 1988）。

　1）ダウン症の子どもたちのことを無力だと見なさないこと（ダウン症の子どもたちは，能力があり，価値があると認められる環境で育つ）
　2）独立心，自主性，自発性を養うこと
　3）ダウン症の子どもたちが成功を経験できるように手助けをすること
　4）子どもにある程度の挫折を経験させること（挫折に対する耐性を養う）
　5）他人に対する敬意を伴った自己主張行動を奨励すること

　ダウン症の子どもの成長とともに，近年注目されているのが，ダウン症のきょうだい児に関する報告である。特にダウン症の子どもの妹や弟たちは，ダウン症児の気持ちが理解できず，自分たちと同じ責任が与えられないことに不満をもつことがある。またダウン症児への世話や我慢することを要求され，親の関心の多くが，ダウン症の子どもへ向けられていることに，寂しさや不満を感じることがある。

　このようなきょうだい児の欲求不満状態が長く続くと，成長につれ，様々な問題が表面化することが予想される。最近では，ダウン症の子どもだけでなく，きょうだい児の心の負担や発達上の問題について注目し，きょうだいグループや，きょうだいのカウンセリングやサポートなどの活動が支援され，きょうだい児の抱えた潜在的な問題の緩和に注意が払われている。

(3) 広汎性発達障害（レット障害）

①レット障害の概要と特徴

　レット障害（Rett's disorder）は，主に女児にみられる進行性の神経系発達障害であり，DSM-Ⅳ-TRでは，広汎性発達障害に位置づけられる。生後6か月から18か月のころに発症し，民族と人種を問わず1万人に1名あるいはそれ以下の頻度で発生する。症状は知能や言語・運動能力が遅れ，常に手をもむような動作や，手を叩いたり口に入れたりするなどの動作のくり返しがみられる。以前は，運動神経障害，自閉症，脳性マヒ，非特定発達遅滞などと診断されることもあったが，現在，DSM-Ⅳ-TRにおいてはレット障害，ICD-10ではレット症候群といわれ，ともに広汎性発達障害に属する。レット障害は，アンドレアス・レット（Rett, A.）によって初めて紹介され，ハークベリら（Hagberg et al., 1983）の論文によって世界に広く知られるようになった。その後，1984年にレット障害に関連する医学的研究を支援し，レット障害の理解およびレット障害児の家族へのサポートを提供する目的として，「世界レット症候群協会（International Rett Syndrome Assocition：IRSA）」が設立され，レット障害児の発達と治療に関する関心が次第に高まるようになった。

　レット障害は，発達過程において独特な特徴を見せる。レット障害の子どもは，出生後6か月くらいは正常な発達過程をみせるが，一定期間が経過すると，感覚，運動神経および自律神経の機能を担当する，脳の特定領域の発達に必要な特定要素の不足や消滅がみられ，その結果，脳の特定部分の未発達が生じる。出生5か月後～48か月の間における頭部発育の減速，独特な手の動きの出現，社会環境への関心の減少，発作，呼吸，睡眠，摂食など様々な発達上の問題が指摘されている。このような多様なレット障害児の発達上の問題は，障害を抱えた家族において，定型発達児の家族と比べ高いレベルのストレス要因となる。

　レット障害の原因は，X染色体から発見されるMECP 2遺伝子の構造的変形，あるいは欠如による突然変異と考えられている。遺伝子の突然変異は，父母のどちらにも起こりうるが，父の方に現われる可能性が大きく，その遺伝子を受け取る女児に出現する可能性が大きいと考えられている。

②レット障害の診断基準

　レット障害は，DSM-Ⅳにおいて初めて広汎性発達障害の1つとして発表さ

れたが，現在 DSM-Ⅳ-TR（2010）では次のような診断基準を提示している。
1) 以下のすべてが当てはまること
   ①明らかに正常な胎生期および周生期の発達
   ②明らかに正常な生後5か月間の精神運動発達
   ③出生時の正常な頭囲
2) 正常な発達期間の後に，以下のすべてが発症すること
   ①生後5～48か月の間の頭部の成長の減速
   ②生後5～30か月の間に，それまでに獲得した合目的的な手の技術を喪失し，その後，常同的な手の動き（例：手をねじる，または手を洗うような運動）が出現する。
   ③経過の早期における対人的関与の消失（後には，しばしば対人的相互反応が発達する）
   ④歩行または体幹の動きに協調不良がみられること
   ⑤重症の精神運動制止を伴う，重篤な表出性および受容性の言語発達障害

表2-4 レット障害の段階と臨床的特徴

段　階	臨床的特徴	
●第1段階 出現時期：6～18か月 期間：数か月	・発達的遅滞 ・遊びや環境への無関心 ・低血圧	・頭／脳成長の遅れ
●第2段階 出現時期：1～4歳 期間：数週～数か月	・急速な発達退行 ・有効に手使用の喪失 ・常同的手運動 　（手絞り，手叩きなど）	・自閉症状 ・不眠 ・自傷行為 ・けいれん
●第3段階 出現時期：2～10歳 期間：数か月～数年	・重度の知的障害 ・自閉症状の改善 ・典型的な手の常同連動 　（手の握りしめ，手叩き，手を口に入れるなど）	・けいれん ・失調 ・失行 ・呼吸異常（過呼吸，息止め，空気嚥下，無呼吸）
●第4段階 出現時期：10歳以降 期間：数年	・運動機能低下 ・進行性側弯，筋萎縮，強剛 ・目合わせ行動の向上，長くじっと見つめる行為 ・動きの減少	・表出言語や受容言語の著しい障害 ・足の栄養失調 ・けいれん頻度の減少

第2節 児童の発達と心理臨床

1. 身体的・知的な発達における問題
(1) 肥満

　肥満児を理解するためには，多様な要因がある。栄養状態や病気などの健康面，学校生活や友人関係における社会的適応，身体イメージに伴う自己意識等，肥満児は様々な面で困難を抱えている。

　「平成22年度学校保健統計調査報告書」(2010)によると，小・中学生の肥満の出現率は，2003(平成15)年度以降減少傾向にあるが，小学校高学年から中学校にかけて，男女差はあるものの，全体の1割前後を占める(文部科学省，2011)。

①肥満度

　「学校保健統計調査報告書」では，肥満度の出現率を標準体重をもとに算出している。算出方法は，2006(平成18)年度に変更され，性別，年齢別，身長別標準体重から計算し，肥満度20%以上を肥満傾向児，-20%以下を痩身傾向児としている。さらに，肥満度により，軽度肥満(20〜29%)，中等度肥満(30〜49%)，高度肥満(50%以上)に分類される。肥満度は以下の式で計算し，標準体重は，「児童生徒の健康診断マニュアル」(財団法人日本学校保健会)の標準体重を求める係数と計算式による。

　肥満度(%) = [(実測体重-標準体重)／標準体重] × 100

　この他に，肥満度を表わす数値として，ローレル指数も用いられている。ローレル指数を求める式は，[体重kg÷(身長cm)^3 × 10^7]で，判定は表2-5の通りである。

表2-5　ローレル指数の判定基準

99以下	…	やせすぎ
100〜114	…	やせている
115〜144	…	ふつう
145〜159	…	太っている
160以上	…	太りすぎ

②肥満を生じる心理

　肥満が生じる要因として，心理的背景が指摘されている。楠(1992)は，肥満の背景に感覚依存性の食欲，乳幼児期の母子関係，対人関係でのストレスなど心理的要因があるという。ストレスにより，神経伝達物質ドーパミンが過剰

に分泌し，摂食中枢を刺激し過食を引き起こす。ストレスが強くなると，気持ちを穏やかにする働きのセロトニンの分泌量が減少し，イライラしやすくなり，満腹を感じなくなり過食を起こす。

③肥満が心理，性格に与える影響

　吉田ら（1985）は，肥満児の心理的特徴として，身体像の歪みや，自己価値観の低さ，情緒的感受性の乏しさ，不安の強さ，衝動性の高さ・衝動コントロールの悪さなどをあげている。マスコミなどの影響から，太っていることに対して，マイナスの価値観をもっている子どもが多い。そのため，肥満児は，動物に例えて揶揄されたり，「メタボ」などと言ってからかわれたり，それが発展して，いじめの対象になることもある。肥満は，日常生活にも影響を与え，活動が遅い，跳び箱が跳べない，速く走れないなど，他の子どもより自分が劣って見え，努力してもできないという挫折感を味わうことが多く，あきらめやすくなる。このように，肥満児は，自分の容姿や運動能力に対するコンプレックスや挫折感から，自己肯定感が低くなり，集団の中で目立たないように生活し，消極的な性格になる場合がある。その心理状態に強いストレスが加わると，自己否定感が強くなり，抑鬱状態を引き起こしたり，不登校になったりして，社会生活への不適応を起こしてしまう場合がある。

④肥満児の心のケア

　肥満児は，医師や栄養士，養護教諭などから健康面の指導を受けることが多い。その場合，健康面だけを取り上げられ，心理面には目を向けられないことがある。肥満児の指導においては，心理的な影響を理解し，自己肯定感を損なわない指導が望まれる。過食による肥満の場合は，その要因として悩みやストレスが考えられ，その要因を取り除くようなはたらきかけが重要である。また，食べることでストレスを解消している場合，別の解消法を身につけさせていくような行動療法を用いることも考えられる。

　学校生活において肥満児を支援していく場合，自己肯定感を高められるよう，その子に応じた役割や責任をもたせ，達成感を味わわせたり，認めたりしていくことが大切である。また，学級の仲間や周囲の人に対しては，軽率な言動によって傷つきやすいことを理解させ，一人ひとりの個性を尊重し，個々の特性に目を向けて，よいところを伸ばしていく学級経営や集団づくりが望まれる。

(2) チック

　チックとは、自分自身の意思とは関係なく突然に起こり、頻繁にくり返される動きや発声のことで、一定期間続くものをいう。子どもの2割ぐらいに発症するといわれ、よくみられる症状である。

①症状や種類

　チックには運動性チックと音声チックがあり、それぞれ単純性、複雑性の症状にわかれる（表2-6）。単純性・運動性チックは、まばたきや肩をすくめたり、白目をむいたりするなど自分の意思に関係なく、体の一部がピクピクと勝手に動いてしまう動きである。複雑性・運動性チックは、自分をたたいたり、飛び跳ねたりするなどの症状がある。単純性・音声チックは、せきばらい、舌打ち、鼻や喉を鳴らす、シューという音を出す症状がある。複雑性・音声チックは、特定の単語をくり返したり、一見乱暴にみえるような、その場にふさわしくないことを言ったりする。例えば、わいせつな言葉や人を不愉快にさせる言葉を使う汚言症、人の言ったことをくり返してしまう反響言語がある。また、症状の持続期間によって、一過性チックと慢性チックに分けられる。一過性チックは、症状が4週間以上毎日続くが、1年を超えないものであり、慢性チックは1年以上の期間を通して、ほとんど毎日のように起こり、3か月以上の間チックが存在しない時期はないものをいう。

表2-6　チックの主な症状

	単純性チック	複雑性チック
運動性チック	・まばたき ・肩をすくめる ・首を振る ・白目をむく	・人や物を触る ・飛び跳ねる ・服装を直す ・たたく、蹴る
音声チック	・咳払い ・舌打ち ・鼻や喉を鳴らす ・声を出す	・汚い言葉や不愉快な言葉を言う ・人の言った言葉をくり返す

②原因やきっかけ

　発症は、幼児から小学校低学年ぐらいまでが多く、思春期ごろまでみられる。初めに現われやすいのは、単純性の運動チックで、不自然なまばたきが起こり、年齢があがるにつれ音声チックや複雑性チックなどの症状が現われる。発症のきっかけは、鼻炎で鼻をすすっていたのが癖になったものや、目が疲れパチパチしていたのが習慣になることが多い。原因は、遺伝的要因や神経伝達物質のバランスのかたよりや脳の機能的障害などのチックになりやすい体質に、不安、

ストレス，緊張，心の葛藤など心因的な要素が加わり起こると考えられている。
③関連した行動
　チック症の合併症としては，吃音や強迫性障害，睡眠障害，気分障害などがある。強迫性障害とは，鍵を閉めたのか何度も確認する，手を洗ったのに，汚れていると思い何度も洗わないと気がすまないなど，やめようと思ってもやめられず，同じことをしないではいられない衝動にかられてしまう症状である。強迫性障害の場合，音や様々な刺激に過剰に反応することから，それがチックの発症につながりやすいといわれている。また，チック患者の半数程度が，注意欠陥多動性障害（ADHD），学習障害（LD）の合併症として，チックを発症しているといわれている。多くのチックは一過性チックで一年以内に消失することが多いが，運動性と音声チックの両方が一年以上続く慢性チックの場合，重症なものはトゥレット症候群と診断される。
④チックへの対応
　目をパチパチさせたり，肩を動かしたりなどチックの症状は，まわりから見てわざとやっていると誤解されたり，気持ちが悪いと言われたりすることがある。チックの症状は，本人にとってもやめたくてもやめられずに悩んでいることを理解してあげる必要がある。また，子どもにチックの症状が出ると，周囲の方が気にすることが多い。特に母親は，さみしい思いをさせているのではないかとか，自分の育て方が悪いのではないかと，自分自身を責めてしまう場合がある。また，何とかやめさせようとして，強く叱ってしまい，症状を悪化させる場合もある。多くのチック症状は，一過性のものであり数か月で消失するものである。チック症状があるたびに，「また出てるよ」と指摘するのではなく，「自然となくなるよ」とあたたかい目で見守り，リラックスした環境をつくっていくことが大切である。症状が強かったり　長期間続いたりする場合は，医療機関等に相談することがすすめられる。
　チックでは，その症状だけが問題にされやすいが，チックに起因する集中力の低下，およびそれに伴う学力の低下，チックが起きることへの不安，周囲の反応への気遣いなど，様々な心理的苦痛を伴うことが多い。したがって，症状だけに目を向けるのではなく，不安定な心を受けとめてゆったりと接していくことが大切である。

(3) 学業不振

①オーバーアチーバーとアンダーアチーバー

　一般に，学業不振とは，学習内容を理解し継続するにあたって，必要な学力が伴っていない場合を指す。このような児童は，従来，学業不振児とよばれてきた。これまで，心理学では，子どもの学習に関して，学力と知能との関連のうえから検討が加えられてきた。

　従来の研究では，学力偏差値と知能偏差値との間には，相関係数が0.7～0.8と，極めて高い関連があることが指摘されている（鈎，1981；菊池，1980）。

　しかしながら，児童個人に目を向けてみると，学力が知能を上回る児童もいれば，逆に，学力が知能を下回る児童も存在する。前者の学力偏差値が知能偏差値を上回る児童はオーバーアチーバー（overachiever），逆に，後者の学力偏差値が知能偏差値を下回る児童は，アンダーアチーバー（underachiever）とよばれてきた。そして，その中間にあって，学力と知能の均衡がとれている児童は，バランスドアチーバー（balanced achiever）といわれてきた。

②学業不振とは

　学業不振は，児童個人の学習成果が，一定の水準に達していない状態をいう。つまり，前述の知能と学力との関連でみた場合には，児童の知的能力（知能偏差値）という期待水準を，学業成績（学力偏差値）が下回る，いわゆるアンダーアチーバーの児童が，本来の能力が十分に発揮されていないという意味で，学業不振児であると考えられる。

　後述するように，本章第2節3．の(1)では，「学習障害」（LD）について触れている。学習障害とは，知的発達に明らかな遅れは認められないが，聞く，話す，読む，書く，計算する，あるいは推論する能力のうち，特定のものの習得と使用に困難を示す児童のことをいう。その意味では，広義には，学習障害は，アンダーアチーバー的な特質を備えた学業不振の状態であると考えられる。なお，知的水準が境界域（知能指数70～85程度）にあって，学業が遅れがちな児童は，学習遅進児（slow learner）とよばれることもある。これらの児童は，本章第1節4．の(1)で触れた精神遅滞（知的障害）とは区別される。

③アンダーアチーバーの特徴

　菊池（1980）は，新潟県内の小学校6年生134名を対象にして，学業不振に関する興味深い研究を行なっている。この研究では，教研式小学診断学力検査（国語，算数）と教研式知能検査を用いて学力と知能を測定し，成就値（学力偏差値－知能偏差値）が＋7以上の児童をオーバーアチーバー，－7以上の児童をアンダーアチーバー，そのいずれにも属さない児童をバランスドアチーバーとみなすことで，比較検討を行なっている。

　その結果，第1に，6年生全体の36％がオーバーアチーバー（知能偏差値平均54），54％がバランスドアチーバー（知能偏差値平均48），残りの約10％がアンダーアチーバー（知能偏差値平均45）に属すること，第2に，アンダーアチーバーの児童は，知能の面では言語性能力に劣ること，第3に，各群の中から，知能偏差値がほぼ等質な児童10名（各グループとも，知能偏差値平均≒48）を抽出して児童の学力を検討した結果，例えば，国語の学力偏差値は，オーバーアチーバー群で57，バランスドアチーバー群で48，アンダーアチーバー群で39となり，アンダーアチーバーの児童で低いことが示唆された。特に，アンダーアチーバーの児童では，国語学力検査の「慣用句の意味」や「文脈把握」，「語の意味の正しい把握」，「送りがな」などの内容面で，劣る傾向にあることが指摘されている。

④学業不振への対応

　すでに，鈎（1980，1981）も示唆しているように，学業優秀児は，総じて，どの教科においても学力が高く，教科ごとの学力差が極めて少ないのに対して，学業不振児は，教科によっては学力の程度に違いが認められる。また，知的発達の面でも，思考や言語性能力の点で劣る傾向にある。藤沢（1980）も指摘しているように，学業不振の傾向は，小学校の低学年で現われ始め，中学年での学習のつまずきが，不振を加速させる。

　そうした意味では，低学年の段階から，児童の学習上の課題を的確に把握し，家庭との連携を密にし，学習ボランティア等による学習支援の環境を整えることで，個々の児童に対するきめ細かな対応が求められる。また，協同学習による児童の側からの学習援助も重要である。

2．社会的・人格的な発達における問題
（1）児童虐待
　2009（平成21）年4月から2010年3月までの1年間に，厚生労働省が把握した，虐待により子どもが死亡した虐待死事例は47件（49人）であり，近年，親による児童虐待の事件がひんぱんに起こっている。また，児童相談所における児童虐待相談対応件数は，宮城県，福島県，仙台市を除いて5万5,152件で，前年度より1万2,090件多く，年々増加している。
①虐待の定義
　虐待の定義は，研究者によってさまざまに異なっているが，一般的に，親または親に代わる養育者（保護者，教員，保育者を含む）が子どもの人権を侵害し，かつ子どもが望んでない行為を行なうことをいう。欧米では，虐待より広い概念の，大人の子どもに対する不適切なかかわりを意味するマルトリートメント（maltreatment）という概念が一般化している。子どもを自動車にのせたまま車を放置する，子どもを夜遅くまで寝かせないなどの行為も，虐待として扱うことが一般的である。
②虐待の種類
　家庭内で起こる幼児虐待の種類は，主に次の4つのタイプに分類される。
　1）身体的虐待（身体的に苦痛を与える暴力や行為）
　2）性的虐待（性的暴力やポルノ雑誌の被写体として性的対象とすること）
　3）ネグレクト（養育の拒否・怠慢など必要な養育を行なわないこと）
　4）心理的虐待（言葉による暴言，脅迫，無視）
　この中で多いのは，身体的虐待とネグレクトで，全体の8割を占めている。特に死亡事例のうち，死因が身体的虐待によるものでは，頭部外傷が55.9%で最も多く，次に窒息死，腹部外傷，外傷的ショック死，感染症などの順序である。
　2004（平成16）年の「児童虐待防止法」の改定では，保護者以外の同居人による虐待を保護者が放置すること，家庭内暴力を見せつけることによる家庭内暴力の目撃（心理的虐待に該当）も，虐待に該当するとの定義の見直しが行なわれた。実際の虐待のケースでは，いずれか1つではなく，これら4つの種類の虐待が組み合わさり起こることが多い。

③虐待の発生要因

　児童虐待は，孤立した出来事ではなく，様々な要因によって生じると考えられる。子どもを虐待する背景には，経済的な問題，家族間の葛藤やけんか，子育てにおける孤立感とストレス，子育ての負担感に加え，様々な社会的要因が存在すると考えられる。また，子どもを虐待する親自身の未成熟さ，精神的不健康，家庭の教育力の低下なども幼児虐待につながる場合が少なくない。児童虐待の発生要因について整理してみると，以下の通りである。

1）親の生育歴を含めた親自身の問題
2）夫婦関係や家族の病気，単身赴任などのストレスフルな家庭事情
3）近隣や親族を含めた社会からの孤立状況
4）よく泣く，なだめにくい，その他のいわゆる「手のかかる子」「育てにくい子」や慢性疾患，障害を有するなど子ども自身の要因
5）いわゆる母子分離体験，相性の悪さなど親と子どもの関係をめぐる状況

④子どもや親に対する虐待の影響

　虐待は，子どもに対するもっとも重大な権利侵害である。虐待は子どもの心に大きな傷となって残り，虐待を受けた子どもは，暴力をうけた体験からトラウマ（心的外傷）をもち，そこから派生する影響を受ける。例えば，自分に自信がもてなくなったり，対人関係が苦手であったり，自傷行為，人格障害，自分自身の子どもへの虐待など，生涯に渡る悪循環が起こりうる。

　虐待する親自身も多くの問題を抱えて苦しみ，虐待という自らの行為によってさらに傷を深めてしまう。実際に虐待をした親自身も子どもへの虐待行為をやめたいと望んでいる場合も少なくない。一方，虐待の世代間転移の可能性にも留意が必要である。多くの研究で，虐待を受けた人が自分の子どもを虐待する可能性が指摘されている。虐待する親と子どもには周囲の適切な支援が必要であり，親を対象とした「子育て支援」の多様なプログラムの提供，それを地域社会で推進していくためのネットワークづくりが不可欠である。

　虐待を認知した場合には，福祉事務所か児童相談所への通告が義務づけられており，通告後は面会や必要に応じて一時保護の措置が取られる。そのうえで，親子の再統合などのプログラムが組まれ，よりよい家族のあり方に近づけるよう支援が行なわれている。

(2) いじめ

　2007（平成19）年11月15日，文部科学省から『平成18年度「児童生徒の問題行動及び生徒指導上の諸問題に関する調査」について』の発表があったが，その中でもっとも大きな特徴として，「いじめの定義」の変更があげられる。

　具体的には「自分より弱い者に対して一方的に，身体的・心理的攻撃を継続的に加え，相手が深刻な苦痛を感じているもの」から，「当該児童生徒が，一定の人間関係のある者から，心理的・物理的な攻撃を受けたことより，精神的な苦痛を感じているもの」に変更され，個々の行為がいじめにあたるか否かの判断を行なうことなく，いじめられた子どもの立場が優先されている。一方，各国のいじめ研究者が集った2007年のスイス会議でのいじめの定義では，「いじめは，攻撃の一形態で，関係性の中での力の乱用である」としている。また，欧米の研究者にみられる比較的新しい観点は，いじめを個々人の問題として捉えるのではなく「一定の関係性の中で生じる集団の問題」として捉えていることであり，クラスや学校，友人関係のあり方を問題としている点にある（加藤・谷口，2008）。

①いじめの現状と原因

　文部科学省の調査によると，2010（平成22）年度の全国の国公私立の小・中・高等学校および特別支援学校におけるいじめの認知件数は，合計で約7万5千件（前年度約7万3千件）であり，児童生徒1,000人あたりの認知件数は5.6件（前年度5.1件）である。校種別内訳は，小学校3万5,988件（前年度3万4,766件），中学校3万2,348件（前年度3万2,111件），高等学校6,617件（前年度5,642件）と増加傾向にあった。2006（平成18）年度から減少傾向にあったが，2010年度はやや増加している。これは，児童生徒から直接状況を聞く「アンケート調査」や個別面談，個人ノートや生活ノートの活用などにより，潜在的ないじめの実態把握に取り組んだためであると思われる。

　いじめの原因としては，様々な要因が考えられるが，子どもの欲求不満，いらだちなどがあげられる。子どもたちのイライラは，成績による選別と競争，家庭問題，不安，不満など，人間関係の様々な要因から生じると思われる。さらに，価値観や哲学の不在による社会全体のモラルの欠如，暴力容認のテレビ，漫画なども暴力模倣の要因となっている。このような背景要因を考えずに，た

だいじめっ子を処罰するだけでは、いじめは解決できず、深く潜行し、陰湿になっていくことが予想される。

②ネットいじめの現状と課題

2010年の文部科学省の実態調査によると、「パソコンや携帯電話などで、誹謗中傷や嫌なことをされる」としたものが2,924件あり、いじめ件数全体の3.9%だが、高校では14.7%で、冷やかしや暴力、仲間はずれに次いで4番目に高くなっている。ネットいじめは従来のいじめと比べても、さらに見えにくいもので、卑怯な手口でより陰湿化している。ある女子生徒は、男子生徒2名から「死ね」「キモイ」などのメールを700通以上受けていたり、ある男子生徒は自分がいじめられている映像がインターネットに流され自殺した。ネットいじめの特徴は、「時間や場所にとらわれず」いじめられる点にある。従来のいじめは、いったん被害者が家に帰れば攻撃から自分の身を守ることができたが、ネットいじめは、下校しても攻撃が続きその攻撃が途切れない。

反対に、加害者の側は、場所も時間も問わず自分の都合に合わせ行動ができ負担も少なくなる。匿名で嘘の誹謗中傷の手口を本人だけではなく「○○のお父さんは借金だらけ」など攻撃が家族にも向けられる。もっと陰湿な手口としては、本人になりすまし、「援助交際希望」などの嘘の情報を公開する場合さえある。情報化社会の抱えている大きな問題として、国は、学校と行政機関のみならず、ネットや携帯の関係業者、掲示板の管理者と連携し、親を含めた社会全体のいじめ対策を模索しなればならない。

③いじめをなくすために

いじめは「どの学校でも、どの子どもに起こりうる」人間社会の病理であることを認識し、「いかに早く把握するのか」「どのように対応していくか」が重要である。またふだんの教育において、児童生徒の人格形成に励み、いじめの起こりにくいクラス・学校づくり、家庭づくりが不可欠である。そのうえ、いじめられている子の苦しみ、辛さ、不安、悲しみ、訴えを伝え、共感を広げる努力が求められる。いじめの実態から6割以上の子どもが大人に訴えないでいる現状を考えたとき、子どもから訴えがあったら「いじめは絶対許されない」「いじめる側が100%悪い」といった見方を示し、真剣に子どものありのままを受容・共感する姿勢が必要である。

（3） 不登校

①概要および不登校の背景

　近年，不登校の問題に対処するために，学校はスクールカウンセラーを初め学校内外のコーディネーター的な役割を果たす不登校対応担当を明確に位置づけるなど様々な展開をしてきたが，いまだ不登校者数は高いままである。

　文部科学省は，不登校を「何らかの心理的・情緒的・身体的・あるいは社会的要因・背景により，登校しないあるいはしたくともできない状況であるために，年間30日以上欠席した者のうち，病気や経済的な理由による者を除いたもの」と定義している。不登校だけでなく，登校はするものの教室には入らずに保健室や相談室など学校内の「居場所」で過ごす「不登校傾向（行き渋り）」の児童生徒も少なくない現状である。

　文部科学省の過去3年間の調査における不登校者数の推移をみると，小学校では，2008年度2万2,652人，2009年度2万2,327人，2010年度2万1,675人，中学校では，2008年度10万4,153人，2009年度10万105人，2010年度9万3,296人となっている。小学校から中学校にかけ，不登校者数が急増している原因としては，小学校と中学校の風土の違いが関係すると思われる。不登校の背景としては，様々な要因が複雑に絡み合っている場合が多いが，大きく4つの要因に分類できる（図2-1）。

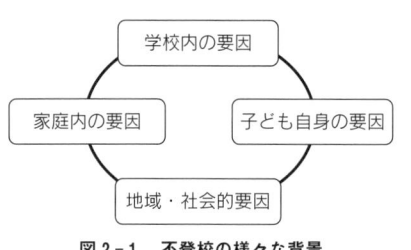

図2-1　不登校の様々な背景

　まず，「学校内の要因」としては，いじめ・からかいなど生徒間の問題や教師による体罰，教師との相性などの関係による問題がある。「家庭内の要因」としては，親子関係をめぐる問題（親の学力へのこだわり，叱責，厳しすぎるしつけ），放任・ネグレクトなどの虐待や離婚・転居，親の病気などの家庭の事情による問題がある。「子ども自身の要因」としては，子ども自身の性格や学習能力，神経症的な症状などの要因がある。また最近不登校との関連で新たに注目されている要因として，学習障害（LD），注意欠陥多動性障害（ADHD）などの発達障害がある。これらの児童生徒は，学習の成果がみられ

ず，学校で仲間がうまくつくれないといった人間関係のつまずきが学校生活の不適応につながり，不登校にいたるケースがよくみられる。「地域・社会的要因」としては，ゲーム機など1人で遊ぶ時間が増え，対人関係形成に未熟さを生む子どもの遊び文化の変化や不規則な生活リズム，経済的理由による教育投資（塾など）の格差，学校教育に対する社会的意識の変化，孤立・個人主義が高まり，地域共同体の教育力の弱化などによる問題があげられる。

このように不登校の背景には多様なものがあり，その対応においても多面的な視点から不登校を捉え，児童生徒のニーズをふまえた，きめこまかく柔軟な対応をしていかなければならない。

②様々な不登校のタイプ

藤岡（2005）を参考に，様々な原因から不登校の子どもたちを，おおまかに分けると，分離不安型，神経症型，不安・フラストレーション回避型，非行型，精神疾患，発達障害によるタイプなどに分類される（表2-7）。不登校といっても，その症状は様々であり，それぞれの子どものニーズに合わせた，支援体制を充実していくことが求められている。

表2-7　不登校のタイプ（藤岡，2005を一部改変）

タイプ	特　徴
分離不安型	分離不安（身近な家族や大事な人と離れたときにおこる不安感）が非常に強く，母親から離れて登校ができなくなるタイプ
神経症型（過剰適応型）	周囲からの評価や目線が気になり，登校できなくなるタイプ
不安・フラストレーション回避型（甘え依存型）	嫌なこと・不安なこと，つまずいたことを恐れ，それらを回避するために学校から遠のいてしまうタイプ
非行型／無気力型	非行傾向が強く，昼夜問わず遊び歩いているタイプや学校に行く意欲がなく，無気力なため家に引きこもってしまうタイプ
精神疾患によるケース	統合失調症，気分障害（うつ病），強迫神経症などの精神疾患のため，欠席してしまう場合
発達障害によるケース	広汎性発達障害や注意欠陥多動性障害（ADHD），学習障害（LD）が原因で，学校に適応できず，不登校になってしまう場合

(4) 非行

①定義および少年非行の動向

　非行とは，ある特定の社会的価値基準に反した行動のことであり，一般的に少年非行のことを指す。また広義の少年非行の定義は，刑法に触れた行動だけでなく，不良行動や社会規範からはずれた行動も含む。少年法（「少年法」2条1項）によると，少年とは法律用語として20歳未満の男女を指し，悪い行ないによって，「犯罪少年」（14～20歳未満で窃盗や傷害や殺人など刑法に触れる罪を犯したもの），「触法少年」（14歳未満で刑法に触れる行為をしたもの），そして「虞犯少年」（20歳未満で問題行動傾向が強く，将来犯罪のおそれのあるもの）の3つに分類される。

　犯罪白書（法務省，2008，p18）を参考に，少年非行の動向を概観すると，戦後の少年刑法犯検挙人員の推移に3つの波があり，1951（昭和26）年の16万6,433人をピークとする第1の波，1964（昭和39）年の23万8,830人をピークとする第2の波，1983（昭和58）年の31万7,438人をピークとする第3の波がみられる。第1の波は「生活型非行」で，戦後動乱期に当たるこの時期は，生活苦からの犯罪が多く貧困家庭の少年による窃盗の占める割合が高かった。第2の波は，高度経済成長期を背景に，揺るぎないものになりつつあった社会制度に対する「反抗型非行」で，高学歴志向・受験戦争という社会的環境の中で，暴走族，シンナー使用，性犯罪や粗暴犯などの割合が増加し，非行の低年齢化が注目された。そして第3の波は，バブル期への移行時期にあたるが，この時期は1980年代のいじめや校内暴力など教育現場における病理の深刻化が目立ち，女子による非行も増加，「遊び型非行」「初発型非行」が急増している。

　一方，1990年代以降は，一時的ではあったものの，1996～1998年に増加傾向がみられたため，第4の波と解する見解もある。瀬川（2002）は，第4の波の特徴として，衝動的な「いきなり」型犯罪の増加，「遊ぶ金欲しさ」犯罪の増加，弱者を標的にした集団による犯罪の増加，模倣犯の増加を上げ，従来とは異なる犯罪情勢の局面を迎えていることを示唆している。非行内容として万引きや自転車・原付自転車の窃盗などによる窃盗罪が圧倒的な部分を占めているが，少年による重大な凶悪事件をみると，動機が理解できず，犯行方法も異

様,残虐なケースが存在する。

②少年法の改定

　戦後の1948(昭和23)年に制定された「少年法」は,1997(平成9)年に発生した「神戸市須磨区児童殺傷事件」などの凶悪な少年犯罪や,強盗罪の増加傾向を背景に,2000(平成12)年に改定少年法が成立し(2001年4月施行),「犯罪に対する評価は,行為の重さによって行うべきであり,行為者が子どもであるという特性を配慮すべきでない」と考えられ,刑事罰対象年齢が「16歳以上」から「14歳以上」に引き下げられた。また2007(平成19)年度に一部法改定が認められ,「14歳以上」であった少年院送致が「おおむね12歳以上」とさらに下がった。戦後の大人たちと比べ,近年の大人の子どもへのまなざしは,小学生であっても罪を犯せば自分で責任を取るべきとの見方をし,人格が未発達な子どもとして,将来のことを思っての「保護される」対象から,社会の担い手として,成人同様,義務と責任が追及され「管理される」対象へと変わりつつある(広田,2000)。

③少年犯罪とマスコミによる過熱報道

　牧野(2006)は,少年の殺人が減少傾向にあるにもかかわらず,少年の殺人事件報道が多くなったことを報告しているが(図2-2),少年非行の実態からみて,第3の波以降,少年犯罪の数は1997年から1998年に一時的に増加(主に窃盗)の兆しはあったものの,減少傾向となっている。しかし,内閣府の「少年非行等に関する世論調査」(2005)では「少年犯罪の凶悪化」「少年非行の増加」が一般の人の間で高い割合で信じられており(「かなり増えている」と答えた人が66.1%),マスコミの過熱した報道が少年非行に対する社会不安を煽っている側面も見逃してはならない。

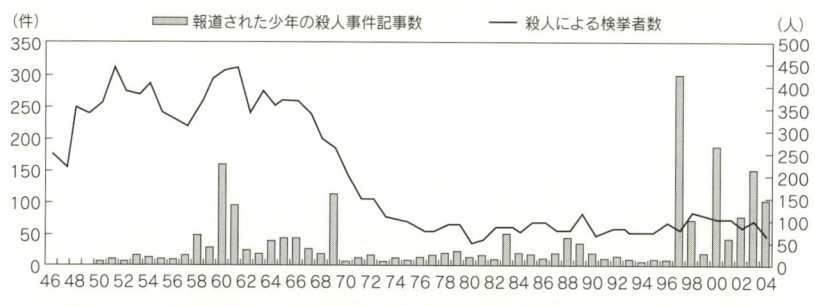

図2-2　少年の殺人による検挙者数と殺人事件報道数の比較　(牧野,2006,p.134)

3．知的障害・発達障害
（1）学習障害（LD）
①学習障害とは

　計算は得意なのに漢字が覚えられない，話は上手なのに音読はたどたどしいなど，特定の部分において学習の困難な子がいる。このように，基本的な学習能力のうち一部分に困難を抱える状態を学習障害という。学習障害という名称は，1963年にアメリカのサミュエル・カーク（Kirk, S.）が提唱し，learning disorders または learning disabilities を略して LD とよばれる。

　学習障害の定義は，DMS-Ⅳ-TR では，読字障害（読みの障害），算数障害，書字表出障害（書くことの障害），またはそれらを併せもつ障害とされている。日本の場合は，文部科学省が1999（平成11）年7月に出した「学習障害児に対する指導について（報告）」の「学習障害とは，基本的には全般的な知的発達に遅れはないが，聞く，話す，読む，書く，計算するまたは推論する能力のうち特定のものの習得と使用に著しい困難を示す様々な状態」を基準にしている。

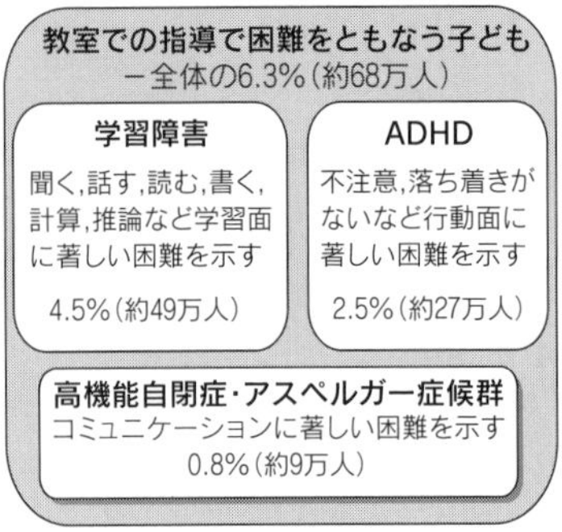

　文部科学省が2002（平成14）年に行なった「通常の学級に在籍する特別な教育的支援を必要とする児童生徒に関する全国実態調査」で，知的発達に遅れはないものの，学習面や行動面で著しい困難をもっていると担任教師が回答した児童生徒の割合は，図2-3のようになる。また男女比では，男子が多い。

教室での指導で困難をともなう子ども
－全体の6.3%（約68万人）

学習障害	ADHD
聞く，話す，読む，書く，計算，推論など学習面に著しい困難を示す	不注意，落ち着きがないなど行動面に著しい困難を示す
4.5%（約49万人）	2.5%（約27万人）

高機能自閉症・アスペルガー症候群
コミュニケーションに著しい困難を示す
0.8%（約9万人）

図2-3　学級で指導上困難をともなう子
出典）文部科学省　2002「通常の学級に在籍する特別な教育的支援を必要とする児童生徒に関する全国実態調査」

　学習障害のうち，8割はディスレクシア（dyslexia，読字障害）といわれており，音読と理解が同時に行なえず読みに時間がかかる，文字と音が一致せず正しく読めない，飛ばし読みをするなど読みの困難をいう。読むことが苦手な場合，書くことも苦手になりやすく，「読み書き障害」ともいわれる。

②学習障害の子どもの特徴

　学習障害は，アスペルガー症候群やADHDなどの発達障害と同じように，認知や行動における障害である。発達障害は合併する傾向があり，学習障害児は，対人関係の困難，不注意や衝動性などの行動特性を併せもつことがある。文字の認知だけでなく，記号や数字，空間の認知が苦手な子どもや手先の不器用な子どもなど，いろいろなタイプがいる。例として次のものがあげられる。
- 音読が苦手で，たどり読みをしたり，文末を適当に読み替えたり，行を飛ばして読んだりする。
- 文字を正しく書けず，ひらがなの「わ」と「れ」のように似ている文字の区別ができない，読めるのに書けない，鏡文字になる。
- 計算や推論が苦手で，かけ算の九九は言えるのに問題が解けない，図形を見て写すことができない，数字の大小がわからない。
- 聞き間違いや聞きもらしが多い。
- 順序よく話すことができず，言いたいことが伝えられない。
- 手先が不器用で，ハサミやコンパスがうまく使えない，スキップなどリズムのある動きができない，リコーダーが吹けない。

　ここであげたのは，ごく一部であるが，認知の障害が多方面に影響し，学習だけでなく，行動面や心理面にも影響を与えていることが多い。

③学習障害の子どもへのかかわり

　学習障害は，小学生になり，読み書きを中心とする生活がスタートするまで発見されにくい。就学しても，理解の遅い子と思われて，その子の苦手な部分になかなか気づいてもらえないこともある。学習障害と気づいたときには，かなり学習困難が進んでいる場合がある。学習障害児は，他の子が簡単にできることも，自分は努力してもなかなかできないという辛い経験から，自信を失ってしまうことがある。また，周囲の理解も得にくく，すべてができないわけではないので，できないことに対して，努力不足だとかやる気がないと思われ，叱られることも多く，本当にやる気をなくしてしまう場合がある。このような学習障害の子どもに対しては，その子の苦手な部分をよく理解して，適切な支援を行なっていくことが大切である。それは，特別扱いではなく，一人ひとりを大切にする教育であることを周囲にも理解してもらう必要がある。

(2) 注意欠陥多動性障害（ADHD）

　注意欠陥多動性障害は，不注意，多動性，衝動性の3つの特徴をもつ発達障害の1つである。一般的にはADHD（attention deficit／hyperactivity disorder）とよばれることが多く，ここでは，以降ADHDと記述する。

　発達障害とは，子どもの発達過程で明らかになる行動や認知の発達における障害である。発達障害者支援法によると，「自閉症，アスペルガー症候群その他の広汎性発達障害，学習障害，注意欠陥多動性障害その他これに類する脳機能の障害であってその症状が通常低年齢において発現するものとして政令で定めるもの」とある。2002（平成14）年に文部科学省が行なった「通常の学級に在籍する特別な教育的支援を必要とする児童生徒に関する全国実態調査」によると，知的発達に遅れはないものの学習面や行動面で著しい困難を示すと担任教師が回答した児童生徒の割合は6.3％（約68万人）で，1クラスに2〜3人にあたる。ADHDは，その中でも比較的軽度にあたる発達障害である。

① ADHDの特徴

■不注意　周囲の刺激にすぐ気をとられ，話を最後までしっかり聞くことができなかったり，作業を途中のままにしたり，集中力が持続しない。また，物をなくしたり，宿題や学習用具を忘れたりすることも多く，転倒や怪我をしやすい。机の上に授業に関係ないものがあるなど，片づけや整理が苦手な面もある。

■多動性　じっとしていることが苦手で，授業中にすぐに席を立ったり（離席），教室から飛び出したり（離室）してしまうことがある。席に座っていても，椅子を前後に揺らしたり，手遊びをしたり，じっとしていると落ち着けず絶えず動いている。また，話を聞かなければならない場面でも，おしゃべりをやめることができず，ずっと話し続けていることもある。

■衝動性　順番が待てずに割り込んでしまう，指名される前に発言してしまうなどもADHDの特徴の1つである。これは，自分の感情や行動を抑えられず，思いついたまま衝動的に行動してしまうためである。また，友だちから気に障ることを言われたり，不快な出来事があると，大声を出したり，時には相手に手を出したり乱暴な行動をとることがある。

　これらのADHDの3つの特徴は，すべての子どもにあてはまるのではなく，子どもによって様々な現われ方をする。そこで，一般的にはADHDには，3

つのタイプがあるといわれている。
- 不注意優位型：このタイプはボーっとして話を聞いていない，忘れ物が多い，集中力にかけるなどの特徴はあるが，多動性，衝動性が認められず，あまり目立たないため，ADHDと気づかれにくい。女子に多いといわれている。
- 多動性・衝動性優位型：落ち着きがなく，授業中歩き回ったり，ずっとおしゃべりをしていたりする多動性と，些細なことで友だちと衝突したり，大声を出したりする衝動性が強く出るタイプである。
- 混合型：ADHD全体の8割がこのタイプであるといわれているが，不注意，多動性，衝動性すべてが認められるタイプである。

② ADHDの原因と診断

　ADHDの原因は，中枢神経系における機能不全や神経伝達物質にかかわりがあるといわれている。ADHDの診断で重要な手がかりになるのは，日常生活における子どもの行動の特徴である。育児日記や観察記録などが重要な手がかりになる。

③ ADHDの子どもへのかかわり

　ADHDの子どもは，その特性から注意を受けたり，叱られたりすることが多くなりがちである。そのため，自尊感情をもつことが難しく，自己否定感が強く，反抗的な態度をとる場合がある。ADHDは，二次障害として反抗挑戦性障害や行為障害が起こりやすいといわれている。反抗挑戦性障害とは，大人と口論したり，規則に従うことを極度に拒否したり，攻撃的な言動をとるなど，拒絶的・反抗的・挑戦的な行動特性がある。この症状がさらにエスカレートすると，人や動物に対しての攻撃性や破壊行動を起こす行為障害がみられる。

　この二次障害は，対応の仕方によって軽減できるものである。したがって，できないことを指摘し，責めるよりもできたときにほめていくかかわりが適切である。また，ADHDは，服薬によって行動特性を一時的に抑えることができるので，服薬と並行して行動療法を用いるなどして，自分で行動や感情をコントロールできるようにしていくことが望ましい。その他，個々の行動特性に応じて，集中しやすい環境を整えたり，友だち関係をサポートしたり，カッとしたときに気持ちを静めるためのクールダウンの場所を決めたり，個々に応じた配慮や支援が望まれる。

(3) 広汎性発達障害Ⅰ　自閉性障害

　広汎性発達障害（pervasive developmental disorders：PDD）とは，脳機能の障害から発達に広汎な影響が出ることから名づけられ，自閉症やアスペルガー症候群など，相互的な社会関係やコミュニケーションの障害，および常同的，反復的行動などを特徴としている。自閉症（autism）は，1943年，アメリカの精神科医であるカナー（Kanner, L.）によって初めて報告されたものであり，社会性やコミュニケーションに困難を生ずる障害である。自閉症の7，8割は知的障害を伴うが，IQ70以上の知的な遅れが目立たない高機能自閉症もいる。アスペルガー症候群も自閉的な傾向をもつが，高機能自閉症と特徴が似ているため，区別しにくく診断が難しい。そこで，最近では，子どもを自閉症やアスペルガー症候群など診断名ではなく，1つの連続体として自閉症スペクトラムと捉え，個々の特徴に目を向けて支援していくという方向性がみられる（図2-4）。

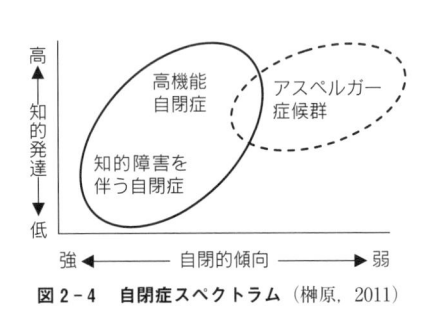

図2-4　自閉症スペクトラム（榊原，2011）

①自閉症の主な特徴

　自閉症の主な特徴として，社会性・コミュニケーション・想像力の3つの領域における障害があげられる。これをウィング（Wing, L.）の「3つ組」という。

■社会性の障害：人とのやりとりが苦手　自閉症児は，他者との受け答えが苦手で，一方的な対人行動をとりやすい。乳幼児期では，視線が合わない，名前を呼ばれても振り向かない，人見知りをしないなどがよくみられる。「心の理論」にも障害があるといわれ，他人と自分の立場の違いを理解することが困難で，手のひらを自分側に向けてバイバイしたり，相手のことを「わたし」などの一人称で呼んだりすることがある。また，表情や身振りの意味が分からないため，相手の感情が読み取れず，情緒的なやりとりが苦手で，共感性に乏しく仲間づくりや対人関係に問題を生じやすい。

■コミュニケーションの障害：言葉の遅れや独特の表現法　自閉症児は，コミュニケーションの手段である話し言葉に発達の遅れがあり，抑揚のない話し方や独

特の言葉遣いに特徴がみられる。2，3歳になっても言葉を話さない場合や，成人しても全く話し言葉が出ない場合もある。相手の言った言葉をオウム返しにそのままくり返したり，口の中でぶつぶつと独り言をつぶやいたり，同じ言葉をくり返したりすることもみられる。何かしてほしいことがあるとき，指さしや言葉で伝えることができず，手を引っ張っていって示そうとする「クレーン現象」という行動がみられる。

■想像力の障害：強いこだわりや常同行動　想像力に関する障害として，見通しがつかないことへの不安や応用のなさがあげられる。そのため強いこだわりをもち，時間割やスケジュールの変更，決まった道順，偏食，いつも同じ洋服しか着ないなどの行動特性がある。また，電車やマークなど特定の物に強い関心をもったり，水道の蛇口を開け閉めするなど特定の行動を何度もくり返したりする。音や光，温度，触覚などに過敏で，大きな音に怯えたり，雨が当たったり，肌に触られただけでも痛いと感じるなど独特の感覚をもっている。そのため，好ましい刺激も独特で，手をひらひらさせる，ぴょんぴょん飛び跳ねるなどの同じ行動をくり返して，快感を得ようとする常同行動もみられる。

②自閉症の原因と診断

　自閉症の原因は，発見された当時は，親の育て方に問題があると思われることもあったが，生まれつきの脳の機能的障害であることが認められている。診断基準は，国際的な診断基準であるICD-10やDSM-Ⅳによる。三歳児健診などで言葉の発達の遅れや行動の特徴について保健師から助言を受け，専門医を受診することが多く，行動観察や発達検査などによって診断される。

③自閉症児へのかかわり

　自閉症児は，視覚優位の傾向があり，話し言葉よりも文字を用いた方が指示が入りやすい場合がある。強いこだわりや感覚過敏に対しては，無理にやめさせようとすると，パニックを起こしたりすることもあるので，少しずつ慣れさせたり，環境に配慮していく方が有効である。また，予定の変更などの変化に対応することが難しいため，突然の変更は避け，前もって知らせておくようにする。自閉症児の療育として用いられるものに，行動療法，感覚統合訓練，場面や時間を構造化して指導するTEACCHプログラムなどがある。

(4) 広汎性発達障害Ⅱ　アスペルガー症候群

　アスペルガー症候群は，広汎性発達障害に属し，自閉症と共通する3つ組の障害をもつ。アスペルガー症候群の名称は，オーストリアの小児科医であるアスペルガー（Asperger, H.）が，1944年に「小児期の自閉的精神病質」の論文で紹介した症例に由来する。その後，児童精神科医であるイギリスのウィング（Wing, L.）の研究（1981年）において，自閉症とは診断されていないが，同じ特徴をもつ事例が紹介され，アスペルガーの報告した症例に似ていることからアスペルガー症候群という診断名がつけられた。

①アスペルガー症候群の主な特徴

　アスペルガー症候群の特徴は，自閉症と共通する特徴があり，意思の疎通や対人関係の形成が難しい。言葉の遅れがないため，活発に会話するが，相手の気持ちが読めない，場の空気にそぐわない発言をするなど，良好な関係が築きにくい。

■他者との関係形成の問題：相手の気持ちがわからない　アスペルガー症候群の子どもは，表情や口調から相手の気持ちを想像することが苦手で，相手の気持ちがわからずに思ったことを正直に口に出してしまい，相手を傷つけたり，誤解されたりする。集団には暗黙のルールがあり，場にそぐわない行動はしない，友だち同士の秘密を守るなどの暗黙の了解があるが，それがわからないので，空気が読めないなどといわれる。

■コミュニケーションの問題：一方的コミュニケーション　アスペルガー症候群の子どもには，語彙が豊富で難しい表現を使い，ていねいすぎる話し方をする子がいる。反面，あいまいな表現や情緒的な表現に込められたニュアンスを掴み取ることが難しい。「このごろ，お母さんは元気？」と聞かれると，「このごろっていつですか？　今日ですか，昨日ですか？」というように，こまかい表現にこだわり，会話が円滑にいかないことがある。また，歴史や電車など自分の関心のある話題になると，相手の反応にかまわず，一方的に話し続け，双方向のコミュニケーションがとりにくい。

■行動における問題：こだわりの強さとパニック　アスペルガー症候群の子どもは，興味の範囲が狭く，数字や漢字，地図記号など機械的な暗記は得意な子が多い。自分の関心の強い分野において人並み外れた能力を発揮するものもいる。

例えば、〇年〇月〇日というと曜日を正確に言えたり、国旗や首都名を全部暗記したり、優れた才能を表わすことがある。このような特性を、サヴァン症候群という。強いこだわりは自分だけでなく、人に対して向けられることがある。自分が正しいと思っていると、間違っていてもなかなか考えを修正できなかったり、友だちが決まりを守らなかったりすると、激しく責め立てたりすることがある。また、思い通りにならないと、パニックを起こして大声を出したり、人に物を投げつけたりすることもある。

その他の特徴としては、想像力の乏しさ、ボール運動やなわとびなど、手足を一緒に動かす協調運動の不得意、高い音を嫌ったり、粘土などに触れなかったり、聴覚や触覚などの感覚過敏がある。

②アスペルガー症候群の原因と診断

アスペルガー症候群は、障害が認知されるようになってからの歴史が浅く、原因についても、はっきり解明されていないが、複数の遺伝子の異変による脳機能のはたらきにおける障害とみられている。アスペルガー症候群の子どもは、言葉を流ちょうに話し、知的な遅れもあまりないため、変わった子とみられ理解されにくい。また、統合失調症や強迫性障害と診断されていたが、大人になってからアスペルガー症候群と診断される場合もある。診断基準は、自閉症と同じく ICD-10 や DSM-Ⅳ が用いられる。他にもギルバーグの「アスペルガー症候群の診断基準」がある。ただ、いじめや虐待など後天的な要因から似たような症状を起こしたり、他の精神的な疾病と区別しにくい面があり、親から発達過程を聞いたり、現在の観察記録などから総合的に診断される。

③アスペルガー症候群の子どもへのかかわり

アスペルガー症候群の子どもは、人に積極的にかかわろうとするが、かかわり方が適切でないために、人間関係のトラブルが生じたり、関係を築けなかったりする。周囲の理解がないことで孤立し、排他的な感情をもってしまうことがある。また、特異な感覚のため、苦痛を感じることも多い。そのため、自己肯定感が低い場合が多い。そこで、一人ひとりの特性をよくみて、何で困っているのかを理解してあげることが大切である。そのうえで、ソーシャルスキルトレーニングなどの訓練を通して、人間関係づくりを支援していくことが必要である。

第3節　学校生活と心理臨床

1．学校生活と心理臨床
(1) 予防的教育と開発的教育

　教育現場での心理的サポートの必要性の高まりを受け，1995（平成7）年，当時の文部省により，スクールカウンセラー制度が導入された。これは，前年に多発した，中学生・高校生のいじめ自殺事件が社会的に大きな波紋を広げたことに大きく起因している。それ以降，中学校を中心にスクールカウンセラー派遣制度の充実が図られてきたが，児童生徒に対する心理的サポートという観点から，学校教育のあり方そのものにも関心が向けられ，改善が進められてきた。特に，予防的・開発的教育の在り方に関して，近年，様々な研究がなされ，広く教育現場でその実践がなされてきている。

　いじめや不登校，校内暴力など，学校不適応の問題や問題行動に対して，従来は，個別の対応や教育相談が行なわれてきた。つまり，問題のある児童生徒を焦点にした治療的な教育相談が行なわれてきたのである。しかし，今日の学校教育相談のあり方や，その進もうとしている方向性は，不適応行動が顕在化している児童生徒だけでなく，すべての児童生徒を対象として，予防的・開発的教育を行なうという流れが強まっている。

　予防的教育・開発的教育とは，具体的には次のようなものをいう。予防的教育とは，将来に起こりうる問題や状況に備えるために，予防的な意味合いで，事前にある種の能力を習得させたり，本人が主体的に自らの力で解決できるように援助したりすることである。開発的教育とは，すべての児童生徒を対象として，一人ひとりの心身の成長にあわせて適切な指導を行ない，豊かな人間性を育み，自己実現を図ることができるように継続的に援助することである。この予防的・開発的教育のあり方，考え方の必要性が高まってきた背景には，現代の子どもたちのコミュニケーション能力の低さが，大きくかかわっていると考えられている。少子化，核家族化，都市化等の社会生活の変化や，インターネット等の通信機器の普及による子どもたちの遊びの変化等々，これらの社会変化の影響は大きい。これらの変化が，他者とのかかわり合いや心の交流の著

しい減退を生み，他者との交流によって身につけられたコミュニケーション能力や，仲間と適切な関係を維持できる能力の低下を進めていった大きな要因といえる。このような子どもたちのコミュニケーション能力の向上，また豊かな人格の形成を目的に，予防的・開発的教育または教育相談の実践が，広く受け入れられてきている。

　前述したように，個別対応が中心であった従来の治療的また対処法的な教育相談から，日常の集団活動等を通して，人間関係を深められる能力を育成する予防的・開発的教育相談への転換は，「生きる力」の育成を土台にした，コミュニケーション能力の育成や，豊かな人格形成を中心とした取り組みへの転換である。コミュニケーション能力の育成には，自己開示，自己理解，他者理解，相互理解を通して，他者との心の交流の中で適切な人間関係を維持することを体験することが必要不可欠であると考えられている。そのため，それらを効率よく体験できる参加体験型学習法やカウンセリング技法が，教育現場で活用されている。ピア・サポートや構成的グループエンカウンター，ロールプレイングなどはその代表例である。

　実際，スクールカウンセラー1人に対する生徒数の割合や派遣日数，日々，現場で多忙を極める教師の現状を考えると，これらの参加体験型学習法の活用なしでは，子どもたちへの十分な心理的サポートはたいへん難しいように思われる。道徳や総合的な学習の授業時間を活用したこれらの試みは，確保された時間内で，より多くの児童生徒の参加のもとで行なわれるという点では，たいへん効果的であるといえる。また，ピア・サポート等の特別な活動に限らず，それらの技法や原理を従来の学校行事（入学式，遠足，運動会，全校集会，野外活動等）に取り入れたり，各教科の授業に応用したりして，人間関係を深める体験を児童生徒に積ませる試みも行なわれている。児童生徒の豊かな人格形成は，よりよい学級経営や，仲間内でのより深い心の交流を促し，仲間関係や自己理解に起因した，いじめ，不登校などの問題への効果的な解決方法として有効であると考えられる。学校での児童生徒に対する心理的サポートという観点では，このような予防的・開発的教育を基にした活動は，今後も継続的に取り組んでいく必要があると思われる。

(2) ピア・サポート

　ピアとは仲間のことであり，ピア・サポート（peer support）とは，同年代の（または同じような立場にある）友だち（ピア）が友だちをサポートするという意味である。ピア・サポートは，子どもたちの円滑な人間関係の形成を目的に，21世紀初頭から教育現場で活発に取り入れられてきた教育プログラムである。ピア・サポート活動が実践されてきた領域は，小・中・高校，大学，青少年活動，成人のコミュニティ，ビジネス・企業・組合，国連・ユネセフ等の国際機関など幅広い。教育現場での定義は，日本ピア・サポート学会が定める「ピア・サポートとは，学校教育活動の一環として，教師の指導・援助の下に，子どもたちが互いに思いやり，助け合い，支え合う人間関係を育むために行なう学習活動であり，そのことがやがては思いやりのある学校風土の醸成につながることを目的とする」ことに基づく。

　ピア・サポートとよく混同されがちなものとして，ピア・カウンセリング（共通の経験と関心に基づいた仲間同士の相互の支援活動），ピア・ヘルピング（仲間同士で助け合う）といったものがある。これらには，上学年または能力の高い同学年の子どもたちが，同学年や下学年の子どもたちを支援するという上下関係の意味合いが強く，仲間によるサポート活動としては，ピア・サポートという言葉が使用されている。もちろん活動の分類や支援内容によって，これ以外にもピア・チューター（学習補助者）やピア・ミディエーション（仲間による調停）などの言葉も使われているが，広い意味では，ピア・サポート活動の1つとして考えられ，これらを総称してピア・サポートとよんでいる。

　近年，予防的・開発的な生徒指導・教育相談の必要性が高まり，人間関係を豊かにする目的で，ピア・サポートのようなプログラムが教育現場に取り入れられるようになってきた。ピア・サポートの教育現場での実践例がなかった日本では，1990年代にイギリス，アメリカ，カナダ等の実践例をもとに，いくつかの学校で試行的にピア・サポート活動が実施された。以降，各地でピア・サポート活動が活発に取り入れられていったが，活動内容やその解釈が多岐にわたっているため，統一的な特徴を述べるのは難しい。しかしながら一般的な解釈としては，ピアである子どもたちがソーシャルスキル，カウンセリングスキル等のトレーニングを受けて，そのスキルを活かし，同学年，異学年を問わ

ず，仲間支援の活動を行なうことと解釈できる。学校現場で実践されているピア・サポートは，表2-8で示すように，様々な形態に分類される。

表2-8 ピア・サポートの分類表 (西山, 2004)

仲間づくり：バディ活動。集団の対人関係スキル。
学習支援：ピア・チューター活動。学習の得意なものが仲間を教える。
相談活動：ピア・カウンセリング。傾聴技法等を学び，相談を受ける。
対立解消（葛藤調停）：ピア・ミディエーション。仲間間で対立を解消する。
指導・助言：ピア・メンター活動。喫煙・飲酒などの撲滅に向けた活動。
グループリーダー：研修などで小集団のグループ活動のリーダー。
アシスタント：ピア・アシスタントとして，学校の業務や行事を補助する。

このようにピア・サポート活動は，学校のニーズや児童生徒の状況の応じて様々な形態が取られている。この他にも，異学年交流や助け合い活動，学年集会や全校集会など，以前から日本の学校で行なわれてきた類似の活動も広い意味ではピア・サポート活動の一形態として考えることもできる。実際にピア・サポート活動を推進している団体の1つである横浜ピア・サポート研究会では，異学年交流を通して社会性を育もうとする実践を中心に，ピア・サポートの取り組みが進められている。

活動の流れの一例としては，トレーニング，プランニング，実践，スーパービジョンの4つの段階があり，スーパービジョン後に再度トレーニングに戻る円環的な活動があげられる。ピアへのサポート活動をする子どもたちは，ピア・サポーターとよばれる。通常ピア・サポーターとなる子どもたちは，サポート活動を効果的に進めていくために，カウンセリングの技法を基礎とした，自己理解・他者理解，コミュニケーションスキル，対立解消，危機対応と限界設定，などのトレーニングを受ける。トレーニングの対象となるピア・サポーターは，教師が選抜した数名の子どもたちにトレーニングを受けさせる場合もあれば，トレーニングの教育的意義を考慮して，クラス全員，学年全員を対象にトレーニングを行なう場合もある。トレーニング後に，サポート活動の目的や解決課題などを話し合い，個人の目標や計画（プランニング）を立てさせてサポート活動（実践）を行なう。サポート活動終了後または定期的に，ピア・サポートのトレーナー（指導者・教師）からスーパービジョンを受ける。

(3) 構成的グループエンカウンター

構成的グループエンカウンター（structured group encounter：SEG）とは、ふれあいと自己発見を促進するグループ活動のことである。具体的には、対象の実態や目標に沿って計画を立て、エクササイズを行ない、フィードバックとシェアリングを通して振り返りを行なう活動である。この一連の作業を通じて自己や他者への気づきを促し、あたたかい人間関係を生み出すものである。

構成的グループエンカウンターは、カール・ロジャーズのエンカウンターグループとは異なり、國分康孝が理論化した技法である。エンカウンターとは「出会い」を意味する言葉である。グループのメンバーとお互いにホンネの感情交流を通して、自己理解や他者理解を深め、よりよい人間関係を構築するカウンセリング技法である。参加体験型学習法であり、臨床以外の教育現場などの分野でも、人間関係づくりや学級経営改善のために取り入れられている。

①活動内容

活動は、ファシリテーターとよばれるリーダーのもとで、数人から数十人のグループを単位とし実施される。活動の流れは、導入とウォーミングアップ→インストラクション→エクササイズ→シェアリングが一般的である。

導入とウォーミングアップでは、簡単な自己紹介や簡単なゲームを行ない、グループの内の雰囲気を和らげる。インストラクションでは、ねらいやルールを示し、動きを明確に指示する。ここで重要なことは、デモンストレーションを通してメンバーの参加意欲を高めることであり、リーダーの役割が大きい。エクササイズの主なねらいは、①自己理解、②自己受容、③自己主張、④感受性の高まり、⑤信頼体験、⑥他者理解の6種類である。このねらいに沿って構成されているエクササイズを児童生徒の実態や教育目標に応じて、表2-9のような活動を行ない計画的に実施する。エクササイズでは、参加者が自己開示しやすい雰囲気をつくる。シェアリングは、エクササイズで気がついたことや感情をわかち合い、素直な気持ちで本音で話し合うことが望ましい。

表2-9　エクササイズの例

じゃんけん	サイコロトーキング
いいとこ探し	ブラインドウォーク
探偵ごっこ	森の何でも屋さん
ロール・プレイ	問題解決ゲーム
5年後の私	クッキーデート
短所は長所	目や手で伝える
共同絵画	（他にも多数あり）

②実施上の留意点

　構成的グループエンカウンターを行なううえで注意すべき点がいくつかある。1つは，参加者の抵抗を受容することである。抵抗を示す児童生徒には，参加を強要するのではなく，不参加の自由を認め，同じフロア（教室）内で見ていてもよいことを伝える。2つ目は，自己開示への配慮である。ふだんはあまり自分を出さない児童生徒が，雰囲気にのみこまれ，過剰に反応して，気持ちをさらけ出して，後で自己嫌悪に陥ることもある。そのときは，終了後に，声をかけて「よく気持ちを出せたね」などと励ましたり，気持ちを聞いたりしてフォローしていく。目的にとらわれて，自己開示を強要することも禁物である。3つ目は，守秘義務の原則である。エクササイズは，時間や場所など限定されたフレームの中で安全性が保たれる。エクササイズ終了後に，個人情報を勝手に話したり，ふざけ半分で扱ったりすることがないように共通理解しておくことが必要である。4つ目は介入の必要性である。エクササイズがルール通りに実施されない場合や過激な発言や暴力行為などによって，参加者の権利が守られない場合など，リーダーが中止したり助言したりする介入が必要になる。

③学校での取り組み

　友だちとけんかしてもなかなか仲直りができない，相手を傷つける言葉を平気で言ってしまうなど子どものコミュニケーション力や，自尊感情の低さが問題視されている。そのような中で，ソーシャルスキルトレーニングやアサーションなどコミュニケーション力を高めるプログラムが，道徳や学級活動の中で取り入れられている。構成的グループエンカウンターは，心を育てるプログラムとして折衷的にカウンセリングの療法が取り入れられ体系づけられている。さらに，学級会や道徳など1時間の授業の中で取り組めるように構成されているものや，朝の会や帰りの会で実践できるようなショートプログラムも充実している。構成的グループエンカウンターを取り入れた実践は，進路学習や教科の授業にもみられ，様々な取り組みがなされている。それは，子どもの心の成長や人間関係の改善がみられるなどの効果が期待されているからである。しかし，1つのプログラムが成功しても，構成されたフレームの中での体験であり，日常生活にすぐに変化がみられるわけではない。子どもの実態をよく観察し，計画的に取り組むことによって，心を育てることができるのである。

（4）キャリア教育

　キャリア教育とは,「生きる力」の育成を根本に,児童生徒一人ひとりの勤労観,職業観を育てる教育のことである。現代は,少子高齢化による社会構造の変化,産業・経済の進歩による雇用形態の多様化など適応が難しくなっている。フリーターやニートなどの問題も生じ,子どもたちが自らの責任で,職業を選択,決定していく能力や態度を身に付けていく必要性が高まっている。

　キャリア（career）には,職業という意味があり,キャリア教育という場合,進路指導や職業指導として狭義に捉えがちな面がある。以前の教育課程では,進路指導が,子どもたちのキャリアに関する教育内容や能力育成の領域を担当する役割をもっていた。しかし,成績や偏差値を重視した進路指導に重点が置かれる傾向も強かった。そこで,子どもの発達段階に応じた職業観や職業に関する知識を身につけさせ,主体的に進路を選択できる能力を育てることを目的として,「キャリア教育」が再出発した。

　キャリア教育は,「個々人が生涯にわたって遂行する様々な立場や役割の連鎖及びその過程における自己と働くこととの関係付けや価値付けの累積」（文部科学省「キャリア教育の推進に関する総合的調査研究協力者会議報告書」,2004〔平成16〕年1月28日）と定義されている。人は,生涯にわたって,子どもは子どもとして,社会人は社会人として,それぞれの立場で社会的な役割を負う。その役割を遂行する中で,自己のあり方や生きる意味を問い,価値体系を形成し成長していく。また,働くという言葉には,「傍(はた)を楽(らく)にする」という語呂合わせにもみられるように,人の役に立つという意味も含まれている。子どもにおいては,係り活動やボランティア活動,家庭における手伝いなども広い意味で,働くことである。したがって,キャリア教育とは,広い意味で生き方の教育といえる。

　教育課程においても,編成のあり方が見直され,発達段階に応じてキャリア発達を促す能力や態度を育成するよう系統づけられた。キャリア教育には,すべての学習活動が影響すると考えられている。例えば,小学校低学年国語科の授業のねらいが,「相手に応じ,経験した事などについて,事柄の順序を考えながら話すことや,大事な事を落とさないように聞くことができるようにするとともに,話し合おうとする態度を育てる」という場合,授業のねらいそのも

のが，コミュニケーション能力の育成というキャリア発達に当たる。また，各教科の学習がキャリア教育における体験活動や話し合い活動に生かされたり，逆にキャリア教育の成果が各教科の学習活動にプラスの影響を与えたりする効果も期待されている。その他，学校と社会の接点という観点では体験活動の教育的効果が高く期待されており，その活動例も様々に紹介されている。実践例としては，短期の職場体験，インターンシップ，修学旅行や社会見学での職業訪問，職業人講話やインタビュー，福祉施設等でのボランティア体験などがあげられる。子どもたちは，成長していく過程において，様々な発達課題を達成して自己実現していく。その過程でキャリア教育によって育成される能力がキャリア発達である。国立教育政策研究所では，キャリア発達の具体的な能力や態度を構造化して，1つのモデルを示した。それが，表2-10のキャリア発達にかかわる諸能力の4領域8能力モデルである。この4領域の内容が，子どもたちの「生きる力」を育成するための根幹として位置づけられ，8つの能力の育成を目指している。

表2-10 キャリア発達に関わる諸能力の例
(国立教育政策研究所生徒指導研究センター，2002から一部改変)

人間関係形成能力	・自他の理解能力 ・コミュニケーション能力
情報活用能力	・情報収集・探索能力 ・職業理解能力
将来設計能力	・役割把握・認識能力 ・計画実行能力
意志決定能力	・選択能力 ・課題解決能力

　最後に，実施にあたっての留意点を2つあげる。1つ目は，学校外の教育資源との連携・活用の重要性である。学校側と，家庭，地域，企業との連携は，キャリア教育を社会の中で積極的に推進していくためには必要不可欠である。それ以外にも，労働・福祉・経済産業等の省庁関係機関との協力・連携・情報収集も，キャリア教育の実践に厚みをもたせ，より深く多様な活動を可能にするといえる。2つ目は，指導・教育する側である学校・教師の側の資質・能力の向上である。組織として協力体制を整えていくためには，管理職の理解はもちろん，研修会などを通した教員の資質・能力の向上，キャリア教育を推進する指導者の養成が求められる。明確な目的や系統だったプランを実行し，効果的なキャリア教育を進めるために，指導者の技量，能力，知識が重要である。

2．スクールカウンセラーと学校臨床

（1）スクールカウンセラーの導入と役割の拡大

　1995（平成7）年，スクールカウンセラーは，文部省調査研究事業として全都道府県の小中学校154校に配置された。5年間の実践研究の後，2001（平成13）年より都道府県委託事業として，中学校を中心に配置校が拡大した。2006年には全国の4分の3の中学校に配置され，2008（平成20）年に文部科学省から小学校配置促進の方針が出され，現在は，高等学校また私立学校への導入が進んでいる。

　スクールカウンセラー導入当初の目的は，「心の専門家」として，①児童生徒，保護者へのカウンセリングを通して激増する不登校，いじめに対応すること，②教職員がカウンセリングマインドをもって，児童生徒に対応するためのコンサルテーション，の2点であった。その後，その役割は広がり，文部科学省（2007）は，「教育相談等に関する調査研究協力者会議の報告書」（平成19年7月）でスクールカウンセラーの役割を次の7点としている。

①児童生徒に対する相談・助言

　相談内容は，不登校に関する相談が最も多いが，いじめ，友人関係，学習，進路，家族関係，さらに，リストカット等の自傷，摂食障害等の精神疾患，発達障害，非行等の問題行動と多岐にわたっている。カウンセリングの方法は個々で異なるが，学校教育の枠組みで行なう心理臨床には共通した原則がある。スクールカウンセラーの相談は，「子どもの内発的な成長発達を援助していく学校（教育）の働きの1つである」というように，カウンセリングを通して，子どもの自己理解を促進し自己解決へ導くよう援助していくことである。

②保護者や教職員に対する相談

　今日，不登校や非行の背景に発達障害や愛着障害等がみられる事例が多くなり，子どもの問題が複雑化し，保護者，教職員は臨床心理の専門性に基づいた相談と助言を求めている。スクールカウンセラーは，子育てに不安を抱え，孤立し自信を失った保護者，学校現場でストレスを抱え込み，疲弊した教職員への心理的な援助を行なうことが重要な役割の1つである。

③校内会議等への参加

　児童生徒支援会議（ケースカンファレンス）に参加し，必要に応じてコー

ディネートも行なう。特別支援教育校内委員会では発達障害等の助言を行なう。

④教職員や児童生徒への研修や講話

　教職員に対しては学童期，思春期の心理理解や児童虐待等の研修会の担当，児童生徒には特別活動等の時間を用いて，ストレスコーピング，アンガーマネージメント（怒りにうまくつき合う）等の心理教育や，アサーション等のソーシャルスキルトレーニングを行なうなどの研修に携わることがある。また，PTA主催や地域で開かれる講演会の講師を担当することもある。

⑤相談者への心理的な見立てや対応

　スクールカウンセラーは臨床心理や発達心理の専門家として，知識・経験に基づいた事例の見立てや具体的な援助法に関して助言が求められる。児童生徒の行動を観察し，教師から学校生活の様子や家族関係などについて聴きとりを行なって事例を見立て，不登校，いじめ等の問題への早期発見，対応に努める。

　スクールカウンセラーは治療・診断は行なわない。もし，必要とみなした場合には，保護者に医療等の専門機関を紹介することもある。スクールカウンセラーには「カウンセリングのみで必要な支援ができるのか，専門機関への紹介が必要な事例なのか」を見立てる力量が求められている。

⑥ストレスチェックやストレスマネジメント等の予防的対応

　ストレスへの対処は，予防的，開発的カウンセリングとして今後期待される内容である。管理職，教育相談担当と協議し，ストレスチェックやいじめのアンケート等を実施して，配慮の可能性がある児童生徒の情報を教職員に提供することもある。

⑦事件・事故等の緊急対応における被害児童生徒の心のケア

　東日本大震災等の災害や須磨事件，池田小事件等の児童生徒を巻き込んだ事件事故への危機対応，心的外傷後ストレス障害や急性ストレス障害への心のケアにスクールカウンセラーが従事し，その有用性が認められている。

　以上のように，スクールカウンセラーの職務内容は多岐にわたっている。そのため，スクールカウンセラーは，資質の向上と専門の心理学の諸領域だけではなく，教育，医療，福祉，さらには児童虐待防止法や障害者自立支援法，発達障害者支援法等の法規に関する不断の研鑽も必要である。

(2)「心の専門家」としてのスクールカウンセラー

①心を受けとめる相談室のカウンセリング

　「心の専門家」としてスクールカウンセラーが校務として行なう第1の職務が，児童生徒と保護者へのカウンセリング（面接相談）である。

　学校では，教員による教育相談，生活（生徒）指導が行なわれている。それに対して，スクールカウンセラーと相談室で行なう面接相談には，次のような特質性がある。

■評価・指導されない関係性　学校では，学業，言動，時には感情，思考にさえ評価と指導が伴うことを子どもは体験している。スクールカウンセラーは，子どもの言動を，一方的に評価・指導しない。共感的，受容的な傾聴が子どもや保護者の自己表現と自己理解，自己受容を支える。

■秘密が守られる安心感　悩み，不安，不満，怒り，悲しみ，混乱には"恥""罪悪感"を伴っていることがある。秘密が守られることが，心を開いて相談できる安心感を与える。

■自分のペースが守られる　今日の教職員は多忙を極め，子どもと1対1で一定の時間，継続的に対話を重ねることは難しい実態がある。説明を急がされず，時に沈黙を許されるスクールカウンセラーの面接が，相談者の自己理解と内発的な成長を援助する。

■教師のことが相談できる　教師に対する不満や悩みは，教師には相談しにくいものである。しかし，第三者としてのスクールカウンセラーには，本音で相談できる安心感がある。

■問題がなくても話ができる場所　子どもは，はっきりと意識化できない，言語化できない，漠然とした違和感，不全感，ある種の落ち着きのなさを抱えていることがある。問題，課題としての主訴がなくても相談室は利用できる。時に，雑談や軽い相談がカウンセリングの入り口になって，自らの課題を意識化し始め，相談が深まることがある。

②教師の相談・コンサルテーション

　コンサルテーション（consultation）とは，相談や協議のことで，コンサルタント（助言者）がコンサルティ（助言を受ける人）に対して専門的な助言を対等な立場で行なうことである。石隈（1999）は「コンサルテーションとは，

異なった専門性や役割をもつ者同士が子どもの問題状況について検討し今後の援助のあり方について話し合うプロセス（作戦会議）」と定義している。

　学校の校務においては，教育の専門家である教師と心理の専門家であるスクールカウンセラーが対等の立場で行なう作戦会議がコンサルテーションであり，それぞれの援助の役割を明確にして具体的支援を実行するまでの全プロセスを含むものである。その形態は，関係教職員がじっくりと情報と意見を交換するケース会議よりも，実際には日常の空き時間に職員室等でくり返し行なう話し合いが中心といえる。たとえ数分でも，教師との立ち話がコンサルテーションの入口になる。スクールカウンセラーはふだんから相談室にこもらず，職員室で気になる子どもの話題に耳を傾け，自らが教室や廊下，校庭で見かけた子どものエピソードや感想を教師に話しかけていく積極性が必要である。異業種であるスクールカウンセラーは，児童生徒への観察と専門的知見からの発見を通して，教職員と関係性を紡ぎ学校システムに介入していくことが大切である。

　スクールカウンセラーは，週1日程度の勤務が多く，個人で援助できる児童生徒，保護者は限られてくる。また，不登校児は学校に来ることができない場合が多く，面接も困難な状態にある。このように，相談室内のカウンセリングだけでは援助できない児童生徒へのスクールカウンセラーの間接的な支援の1つが，「教師が個々の児童生徒の抱えた問題・課題を援助する力量をあげていく」ために行なう教師へのコンサルテーションである。

③教師とのコラボレーション

　コラボレーション（collaboration）とは協働を意味する。コンサルテーションでは，カウンセラーは間接的な援助であったが，コラボレーションでは積極的に支援に加わる。コラボレーションは，専門性の異なる人々が関係をつくり，互いに援助対象者のためにはたらきかけ，意見を交換し，よりよき支援を構築していくプロセスである。

　学校では，教師のはたらきかけによって，児童生徒やその保護者との面接が設定されることも多い。不登校児へのスクールカウンセラーの家庭訪問のアプローチもコラボレーションの1つであり，また，後に述べるチーム支援も，近年重要視されているコラボレーションである。

(3) 養護教諭との連携

　子どもの身体のケアを主として行なう場所が保健室であり，心のケアを行なう場所が相談室である。とはいえ，相談室はスクールカウンセラーが常勤でない場合が多いので，保健室の養護教諭が心のケアを担うことも多い。そのため，養護教諭とカウンセラーの連携は，相談活動において欠かせない。

①養護教諭の専門性

　養護教諭は，心身に不調を訴える児童生徒への応急処置を行ない，健康診断や健康観察を通して，健康管理と疾病の予防を，また保健主事として，環境衛生検査，保健衛生の普及啓発教育など学校保健の職務に携っている。

　石隈（1999）は，養護教諭の援助（相談）活動を次の5項目にまとめている。
　1）子どもの心身の問題の発見（援助の窓口）
　2）子どもの心身の状況についての情報収集（アセスメント）
　3）子どもへの直接的な援助サービス（カウンセリング）
　4）教師や保護者の相談（コンサルテーション）
　5）スクールカウンセラーを含めた様々な援助資源のコーディネーション

　スクールカウンセラーは，多忙な職務を抱えた養護教諭と連携し，これらの職務を援助することができる。

②養護教諭との連携：子どもの心身の問題の発見と情報の収集

　スクールカウンセラーにとって，教師が目の届かない子どもの姿を知り，聞こえない声を拾い，感じ取れない子どもの雰囲気を感じ取ってくれる情報源が養護教諭である。保健室は，誰でも身体の不調を訴えていくことができる。子どもは心理的問題を，腹痛，頭痛，チックといった身体症状として表現することが多く，時に詐病を訴えて来室することもあり，その症状と行動が訴えている意味を理解する必要がある。養護教諭は，気にかかる児童生徒の情報をスクールカウンセラーと共有し，スクールカウンセラーはその専門性に基づいたコンサルテーションを行なう。スクールカウンセラーが必要に応じて行動観察を行ない，関係教職員から情報を収集してアセスメントの精度を高め，養護教諭等と必要な援助計画を立てていくことが，子どもの問題の解決に通じる。

③子どもへの直接的な援助サービス（カウンセリング）

　心身の悩みへの養護教諭の受容的な傾聴や支持的な励まし，正確な知識と情

報に基づく助言と指導によって，子どもは情緒を安定させ，回復力を高めていく。しかし，養護教諭は病気やケガの発生に常に対応しなければならない可能性があり，時には，複数の児童生徒に同時に対処しなければならない。そのため保健室では，継続的な個人面接を要するカウンセリングが難しい場合，スクールカウンセラーが養護教諭から面接相談を引き継ぐことが必要である。

　友人関係や親子関係の悩み，リストカットや拒食などの問題行動を自分から相談してきた事例では，養護教諭にすすめられた多くの子どもがスクールカウンセラーに相談を求めに来る。また，自分の悩みを口にはしないが，頻繁に保健室を訪れるどこか気にかかる子どもたちには，スクールカウンセラーの側から保健室を訪れ，養護教諭とともに，子どもたちと雑談を交わすといった，ふだんから積極的なはたらきかけが相談活動導入の糸口となる。

④保護者の相談（コンサルテーション）

　スクールカウンセラーは，通常，生徒本人や保護者からの希望により，問題，課題解決のためのカウンセリングを行なう。しかし，摂食障害，自傷，学習・学校生活に支障をもたらす強迫性障害，不安障害，思春期に発症しやすい統合失調症等の医療機関への受診が必要な場合や，薬物乱用，援助交際，触法・犯罪行為といった著しい問題行動に対しては，教師，養護教諭からのすすめにより，保護者が相談を求めてくる事例がある。この場合には，カウンセリングだけではなく，保護者の思いと願いを受け止めたうえで，専門的な知識，知見によるコンサルテーションと専門機関の紹介が必要である。

⑤様々な援助資源のコーディネーション

　精神疾患や発達障害等が疑われる事例では，養護教諭や教師から心療内科や児童・思春期精神科等の医療機関や療育センターの紹介を求められる。その医療機関が，症状に対する対応ができるか，入院可能な病院か，緊急対応が可能か，といった適否に関する情報を準備しておくことが望ましい。また，医療機関以外の教育センター，大学相談室，民間心理相談室等，外部援助資源の活用力も重要である。

(4) 学校運営とコーディネーション

　今日のスクールカウンセラーに求められる業務は相談面接だけでなく，教職員へのコンサルテーションとチーム援助システム構築へと広がっている。虐待事例など学校だけでは子どもの安全と学習を守りきれない事例に対しては，学外諸専門機関との連携をコーディネートすることが不可欠である。

①チーム支援とケースカンファレンス

　不登校，いじめ，校内暴力，学級崩壊，配慮を要する保護者との対応等，様々な事例において担任が1人で抱え込まずに，チームで児童生徒を支援していくことには，2つの利点がある。

　1）教職員のストレスを軽減させ，安定した継続的援助を可能にする。
　2）複数の教職員による情報が得られ，多様な角度からのアプローチが可能となり，援助力が高められる。

　担任が1人で問題を抱え込んで苦闘していても，事態が短期で好転するとは限らない。上司，同僚に悩みを相談できず，自責的な認知が強まると本来の資質が発揮できず，教師がバーンアウトする可能性もある。スクールカウンセラーは，教師へのカウンセリングとコンサルテーションだけではなく，管理職等と連携し，チーム支援をコーディネートすることができる。

　そのチームの作戦会議である事例検討会（ケースカンファレンス）は，多忙な仕事の合間を利用しての会議であり，事前に情報を収集整理しておく準備が大切である。自らもチームの一員として，心理職の専門性から援助策を提案し，積極的に援助計画の立案に参加し，教職員が相互信頼とサポートに基づいて，チームワークで問題に対処する学校システムを築くことが，児童生徒，保護者に対する学校の援助力を向上させる。

②学外機関との連携へのコーディネーション

　複雑な家庭環境や病理性をもった児童生徒，暴力行為・触法・犯罪行為をくり返す児童生徒に対しては，学校のみでは対応が困難な事例がある。スクールカウンセラーは，管理職の監督の下，専門機関との連携をコーディネートする。守秘義務の適用に留意して，専門機関へ心理職としてのアセスメントを含めた情報を伝え，各種機関からの情報は整理して校内支援チームに伝える必要があれば関係諸機関との合同ケースカンファレンスを行なう。

表 2-11　学校が連携を必要とする主な関係機関

教育関係	教育相談センター，適応指導教室など
福祉関係	児童相談所，福祉事務所，児童福祉施設，発達障害者支援センター，主任児童委員，民生委員など
保健医療機関	医療機関，保健所，精神保健福祉センター，療育センターなど
警察関係	警察，少年サポートセンター，被害者支援センターなど
司法矯正関係	家庭裁判所，保護観察所，保護司，各種矯正施設など

③教師へのカウンセリング

　文部科学省（2007）の調査によれば，病気休職者および精神性疾患による病休者数は増加を続け，2005（平成 17）年には病休者の約 6 割を精神疾患による病休者が占め，教師のメンタルヘルスへの支援は，今日の大きな課題になっている（図 2-5）。教師へのコンサルテーションの際に，教師が，いじめ，学級崩壊，対応の難しい保護者との問題等を 1 人で抱えて悩んでいることがわかるときがある。スクールカウンセラーは，批判，評価をしない協働者として問題を共有し，努力をねぎらい支持して，孤独感，緊張感を軽減させるとともに，管理職等と連携しサポートシステムを構築することが必要となる。教師の心身の疲弊の大きな場合には，カウンセリングを行ない，さらに身体症状や睡眠障害，食欲異常，意欲や思考力の低下，強い自責感といったうつ症状がみられれば，外部専門機関への紹介が必要である。教師とのカウンセリングでは，学校内の職務の問題と教師個人の生活の問題の両者を区別した守秘義務の扱いに留意しなければならない。

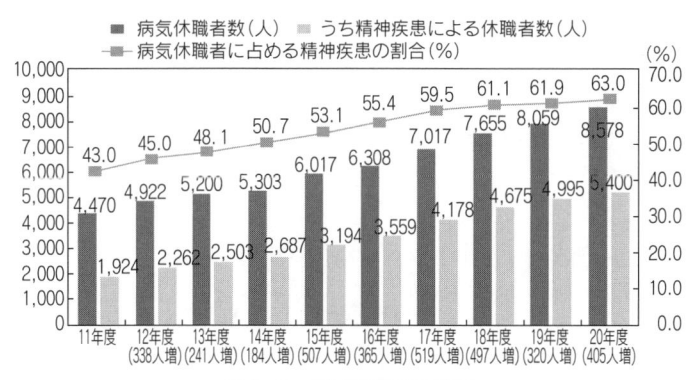

図 2-5　病気休職者等の推移

出典）文部科学省　2008「平成 20 年度　教育職員に係る懲戒処分等の状況について」

■引用・参考文献■

Ainsworth, M. D. S., Blehar, M. C., Waters, E., & Wall, S. (1978). *Patterns of Attachment: A Psychological study of the strange situation.* Hillsdale, NJ: Erlbaum.
赤司俊二（2005）．夜尿症　その正しい理解のために　悠飛社
秋山泰子（1975）．爪かみ　加藤正明・保崎秀夫・笠原　嘉・宮本忠雄・小此木啓吾（編）増補版精神医学事典　弘文堂　p. 457.
American Psychiatric Association (2000). *Diagnostic and Statistical Manual of Mental Disorders Quick Reference to the Diagnostic Criteria from DSM-IV-TR.* American Psychiatric Association. 高橋三郎・大野　裕・染矢俊幸（訳）（2010）．DSM-Ⅳ-TR ——精神疾患の分類と診断の手引き　新訂版——　医学書院
有馬正高（監修）（2007）．知的障害のことがよくわかる本　講談社
Bowlby, J. (1969). *Attachment and Loss, vol. 1: Attachment.* London: Hogarth.
De Nil, L. F., Kroll, R. M., Kapur, S., & Houle, S. (2000). A positron emission tomography study of silent and oral single word reading in stuttering and nonstuttering adults. *Journal of Speesh, Language and Hearing Reseach*, 43.
土居健郎（監修）（1996）．学校メンタルヘルス実践事典　日本図書センター
Down, J. L. H. (1887). On Polysarcia and its treatment. In *On some of the mental affection of childhood and youth.* London: J. H. Churchill.
藤井裕子・石井信子・森　和子・杉原康子（2008）．乳幼児の発達臨床と保育カウンセリング　ふくろう出版
藤岡孝志（2005）．不登校臨床の心理学　誠信書房
藤沢千代子（1980）．学業不振の原因究明と学力回復への実践　日本教育評価研究会（編）教育評価実践研究事例集　図書文化　pp. 213-233.
府川昭世（2008）．吃音と音声の障害　中根　晃・牛島定信・村瀬嘉代子（編）詳解子どもと思春期の精神医学　金剛出版　pp. 590-598.
Hagberg, B., Aicardi, J., Dias, K., & Ramos, O. (1983). A progressive syndrome of autism, dementia, ataxia, and loss of purposeful hand use in girls: Rett's syndrome: Report of 35 cases. *Annals of Neurology*, 14(4), 471-479.
長谷川智子（2007）．乳幼児期の食行動の問題と親子関係　社会福祉法人恩賜財団母子愛育会母子保健情報，56, 93-97.
林　邦雄（1980）．情緒障害　佐藤泰正（編）心身障害学　岩崎学術出版社　p. 136.
広瀬宏之（2008）．図解　よくわかるアスペルガー症候群　ナツメ社
広田照幸（2000）．教育言説の歴史社会学　名古屋大学出版会
帆足英一（2003）．新おねしょなんかこわくない——子どもから大人まで最新の治療法——　小学館
帆足英一（2008）．夜尿症ハンドブック——おねしょを治そう！——　KYOWA KIRIN
星加明徳（監修）（2010）．チックとトゥレット症候群がよくわかる本　講談社
法務省（2008）．平成20年版犯罪白書
石部元雄・高橋　実・柳本雄次・上田征三（編）（2007）．よくわかる障害児教育　ミネルヴァ書房
石井正三（2008）．睡眠障害の基礎知識　社団法人日本労務研究会

石隈利紀（1999）．学校心理学――教師・スクールカウンセラー――保護者のチームによる心理教育的援サービス　誠信書房
伊藤友彦（2002）．吃音　岩立志津夫・小椋たみ子（編）シリーズ臨床発達心理学　言語発達とその支援　ミネルヴァ書房　pp. 244-246.
伊藤美奈子・相馬誠一（2010）．グラフィック学校臨床心理学　サイエンス社
梶田正巳（編）（2002）．学校教育の心理学　名古屋大学出版会
神山　潤（2008）．小児の不眠　不眠症の臨床的分類と概念　日本臨床，**67**(8)，1543-1547.
金子一史（2006）．指しゃぶり・爪かみ・性器いじり　こころの科学，**130**，68-72.
加藤忠明・岩田　力（2005）．新版　図説小児保健　第2版　建帛社
加藤　司・谷口弘一（編）（2008）．対人関係のダークサイド　北大路書房　pp. 117-131.
菊池義一（1980）．学業不振児の心理学的考察――小学校・その要因の分析――　日本教育評価研究会（編）　教育評価実践研究事例集　図書文化　pp. 195-212.
キム・オクギョン（2003）．美術療法が場面緘黙症の言語表現能力の向上に与える影響　漢陽大学大学院（博士論文）
國分康孝（1992）．構成的グループ・エンカウンター　誠信書房
國分康孝・片野智治・國分久子（2006）．構成的グループ・エンカウンターと教育分析　誠信書房
国立教育政策研究所生徒指導研究センター（2002）．児童生徒の職業観・勤労観を育む教育の推進について（調査報告書）
小山　正（2006）．乳幼児臨床発達学の基礎　培風館
厚生労働省（2005）．平成17年度乳幼児栄養調査
楠　智一（1992）．肥満の心身医学的側面――小児医学の進歩 '92 B――　社会医学・小児保健学　中山書店　pp. 237-248.
Levy, T. M., & Orlans, M. (1998). *Attachment, trauma, and healing: Understanding and treating attachment disorder in children and families.* Washington: Child Welfare League of America. 藤岡孝志・ATH研究会（訳）（2005）．愛着障害と修復的愛着療法――児童虐待への対応――　ミネルヴァ書房
鈎　治雄（1981）．高学力児における教育心理的要因　追手門学院大学教育研究所紀要，**1**，39.
鈎　治雄（1980）．学業不振児の心理的要因　教育評価実践研究事例集　図書文化　pp. 234-249.
Mahler, M. S. (1975). *The psychological birth of the human infant.* New York：Basic Books. M. S. 高橋雅士・浜畑　紀・織田正美（2001）．乳幼児の心理的誕生――母子共生と個体化――　黎明書房
牧野智和（2006）．少年犯罪報道に見る「不安」――「朝日新聞」報道を例にして――　教育社会学研究，**78**，129-146.
正村公宏（2001）．ダウン症の子をもって　新潮文庫
森川澄男・菱田準子（2002）．すぐ始められるピア・サポート　指導案＆シート集　ほんの森出版
森田洋司（2010）．いじめとは何か　教室の問題――社会の問題――　中公新書
文部科学省（1999）．学習障害児に対する指導について（報告）
文部科学省（2002）．通常の学級に在籍する特別な教育的支援を必要とする児童生徒に関す

る全国実態調査
文部科学省（2004）．キャリア教育の推進に関する総合的調査研究協力者会議報告書
文部科学省（2007）．平成18年度児童生徒の問題行動等生徒指導上の諸問題に関する調査
文部科学省（2007）．児童生徒の教育相談の充実について——生き生きとした子どもを育てる相談体制づくり——　教育相談等に関する調査研究協力者会議報告書
文部科学省（2008）．病気休職者等の推移　平成20年度教育職員に係る懲戒処分等の状況について
文部科学省（2009）．初等中等教育局児童生徒課　児童生徒の教育相談の充実について——生き生きとした子どもを育てる相談体制づくり——　2009年3月〈http://www.mext.go.jp/b_menu/shingi/chousa/shotou/066/gaiyou/1287754.htm〉（2011年12月1日アクセス）
文部科学省（2008）．平成19年度児童生徒の問題行動等生徒指導上の諸問題に関する調査
文部科学省（2009）．平成20年度児童生徒の問題行動等生徒指導上の諸問題に関する調査
文部科学省（2011）．平成22年度学校保健統計調査報告書
文部科学省（2011）．小学校キャリア教育の手引き〔改訂版〕　教育出版
長沢泰子（1979）．幼児語と構音障害　高野清純・岩井　寛（編）　講座教育臨床1幼児期　日本文化科学社　pp. 84-107.
内閣府大臣官房政府広報室（2005）．少年非行等に関する世論調査〈http://www8.cao.go.jp/survey/h16/h16-shounenhikou/index.html〉（2011年10月28日アクセス）
中根　晃（2002）．コミュニケーション障害　山崎晃資・牛島定信・栗田　広・青木省三（編）　現代児童青年精神医学　永井書店　pp. 100-106.
中野武房・森川澄男・高野利雄・栗原慎二・菱田準子・春日井敏之（編）（2008）．ピア・サポート実践ガイドブック——Q&Aによるピア・サポートプログラムのすべて——　ほんの森出版
中野武房・森川澄男（編）（2009）．ピア・サポート——こどもとつくる活力ある学校——　現代のエスプリ，502．至文堂
（財）日本学校保健会（2006）．児童生徒の健康診断マニュアル（改訂版）　（財）日本学校保健会
中野良顯（2006）．ピア・サポート——豊かな人間性を育てる授業づくり——　図書文化
仁里文美（1992）．心因性頻尿　氏原　寛・成田善弘・東山紘久・亀口憲治・山中康裕（編）　心理臨床大事典　培風館　pp. 837-838.
西山久子（2004）．諸外国のピア・サポートの歴史と動向——学校現場での仲間支援活動の起源から現在まで——　ピア・サポート研究，1，39-42.
野邑健二（2009）．幼児期の指しゃぶり　本城秀次（編）　よくわかるアカデミズム〈わかるシリーズ〉　よくわかる子どもの精神保健　ミネルヴァ書房　pp. 64-65.
小川素子（1992）．夜驚症　氏原　寛・成田善弘・東山紘久・亀口憲治・山中康裕（編）　心理臨床大事典　培風館　pp. 810-811.
岡田隆介（1988）．子どもの問題の見方と対応：癖　岡田隆介・岩崎貞徳（編）　幼児教育保育講座7精神衛生　福村出版　pp. 32-44.
太田龍朗（2005）．睡眠障害ガイドブック　治療とケア　弘文堂
Sadock, B. J. & Sadock, V. J. (2003). *Kaplan & Sadock's synopsis of psychiatry: Behavioral sciences/Clinical psychiatry.* Philadelphia：Lippincott Williams & Wilkins.　コミュニ

ケーション（言語）障害　井上令一・四宮滋子（訳）（2004）．カプラン臨床精神医学テキスト第2版──DSM-Ⅳ-TR 診断基準の臨床への展開──　メディカルサイエンスインターナショナル　pp. 1038-1053.
榊原洋一（2008）．図解　よくわかる ADHD　ナツメ社
榊原洋一（2011）．図解　よくわかる発達障害の子どもたち　ナツメ社
桜井茂男（1999）．乳幼児のこころの発達②　1～3歳まで　大日本図書
桜井茂男（2006）．はじめて学ぶ乳幼児の心理──こころの育ちと発達の支援──　有斐閣ブックス
佐々木正美（監修）（2008）．家庭編　アスペルガー症候群・高機能自閉症の子どもを育てる本　講談社
瀬川　晃（2002）．少年犯罪の変容と改正少年法　国際公共政策研究，6(2), 67-79.
千石　保（2000）．「普通の子」が壊れていく　NHK出版
Siegfried, M. P. (Ed.)(1988). *The young person with Down syndrome.* Paul H. Brookes Publishing Co., Inc. 百渓英一（監訳）　ハリス淳子（訳）（2008）．ダウン症の若者支援ハンドブック　明石書店
杉山登志郎（2009）．講座　子どもの心療科　講談社
高木四郎（1960）．児童精神医学各論──児童相談の諸問題──　慶應通信
武内　清（編）（2010）．子どもの「問題」行動　学文社
滝　充（編）（2004）．ピア・サポートではじめる学校づくり──「予防教育的な生徒指導プログラム」の理論と方法──　金子書房
田中真介（2009）．発達がわかれば子どもが見える　ぎょうせい
田中康雄（2002）．異常習癖　山崎晃資・牛島定信・栗田　広・青木省三（編）　現代児童青年精神医学　永井書店　pp. 391-396.
徳永満理（2008）．こんなときどうする？　0・1・2歳児　チャイルド本社
冨岡　恵・沢田　淳（編）（1987）．別冊発達5　ここまできた早期発見・早期治療──子どもの健康と病気──　ミネルヴァ書房　pp. 14-24.
上野一彦（2003）．LD（学習障害）と ADHD（注意欠陥多動性障害）講談社
上野一彦（2008）．図解　よくわかる LD（学習障害）　ナツメ社
World Health Organization (1993) *The ICD-10 Classification of Mental and Behavioural Disorders: Diagnostic criteria for research.* 中根允文・岡崎祐士・藤原妙子・中根秀之・針間博彦（訳）（2008）．ICD-10　精神および行動の障害──DCR 研究用診断基準──　新改訂版　医学書院
World Health Organization (2005). *The ICD-10 Classification of Mental and Behavioural Disorders: Clinical descriptions and diagnostic guidelines.* 融　道男・中根允文・小見山実・岡崎祐士・大久保善朗（監訳）（2009）．ICD-10 精神および行動の障害──臨床記述と診断ガイドライン　新訂版　医学書院
山口勝己（2007）．子ども理解と発達臨床　北大路書房
吉田照延・岡本正己・渡辺　純・中川和子・松本和雄（1985）．不登校児に見られる肥満の心身医学的研究　心身医学，25(3), 279-286.

第3章 大人のための臨床心理学

　心理臨床が対象とする適応上の困難は，乳児期から高齢期まで生涯発達において生ずるものであり，人生周期という時間軸で捉える必要がある。

　人生周期，すなわちライフサイクル（life cycle）は，人生の経過を円環に描いて説明したもので，エリクソン（Erikson, E. H.）が取り上げてから，広く知られるようになった言葉である。

　ライフサイクルでは，人間の一生をいくつかの段階，時期に分けて捉えるが，それを最初に唱えたのがユング（Jung, C. G.）である。

　ユングは成人前期と中年期を重視し，この時期を人生の午前（前半）から午後（後半）への移行期として，40歳を「人生の正午」とよび，特に中年期への転換期が人生最大の危機となるだろうとしている。

　このユングの理論を発展させたのがレヴィンソン（Levinson, D. J.）であり，40歳ごろから「人生半ばの過渡期」に入るとしている。

　本章では大人の臨床的問題を取り扱うが，プレ成人期である青年期から高齢期までを対象とする。すなわち，青年期を青年前期，青年後期，成人期を成人前期，成人中期，成人後期，および高齢期に区分する。

　各年齢段階には発達課題，危機的な問題があり，その主要なものを臨床心理学の方法によって理解し，さらに心理臨床的な支援の実践を志向することが，特に重要であると考える。

第1節　青年期の問題と心理臨床

1. 青年前期の臨床的問題

　青年期（adolescence）は12, 13歳から始まり，22, 23歳までの時期とされるが，青年期の延長ということがいわれ，24, 25歳までを指すこともある。

　青年期は子どもから大人への移行期であるが，本節では，児童から青年へ発達し，青年期本来の特質が展開される時期を青年前期，青年から大人への発達期を青年後期と考え，各時期の臨床的問題について述べる。

（1）高校生の不登校・中途退学

　青年前期は，12, 13～15歳の中学時代と16～18歳の高校時代に相当するが，ここでは主として高校時代に焦点を当てることにする。

　文部科学省によると，2008（平成20）年度の不登校の数は，小学校が2万2,652人（前年度比5.3％減），中学校が10万4,153人（同1.1％減），高校は5万3,024人（同0.0％）である。不登校児童・生徒の占める割合は，小学校が0.32％，中学校が2.89％，高校が1.58％であり，前年度比では高校のみ増加している。

　小・中学校の不登校に対して，図3-1に示されるように高校の不登校の調査が行なわれるようになったのは2004（平成16）年度からである。その理由として，高校は義務教育ではないため，不登校は自動的に出席日数不足の扱いとなり，留年や退学の問題として捉えられていたからである。

　不登校のうち退学した生徒の割合は，公立が34.3％，私立が36.5％，留年

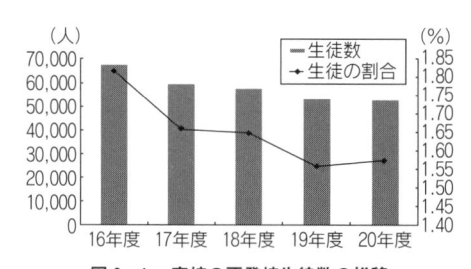

図3-1　高校の不登校生徒数の推移
出典）文部科学省　2009「平成20年度児童生徒の問題行動等生徒指導上の諸問題に関する調査」

した生徒の割合は，公立が10.4%，私立が6.6%であり，不登校の40%以上が退学や留年につながっている。

以上のように，高校の不登校は放置すれば中退する割合が高く，将来の進路に少なからず影響することが考えられ，若年無業者の問題とも関連する。

次に，2008（平成20）年度の高校の中途退学者数を示したのが，表3-1である。これによると，低学年ほど中退の占める割合が高いことがわかる。この傾向は，不登校についても同様である。

表3-1　課程・学科・学年別中途退学者数　　　　　　　　　　　　　　（人）

	全日制								定時制		計	
	普通科		専門学科		総合学科		計					
	中途退学者数(人)	中途退学率(%)	中途退学者数(人)	中途退学率(%)	中途退学者数(人)	中途退学率(%)	中途退学者数(人)	中途退学率(%)	中途退学者数(人)	中途退学率(%)	中途退学者数(人)	中途退学率(%)
1年生	17,752	2.3	9,166	3.7	675	3.8	27,593	2.7	4,648	24.6	32,241	3.0
2年生	10,715	1.4	5,303	2.2	464	2.8	16,482	1.6	1,643	11.4	18,125	1.8
3年生	3,261	0.4	1,450	0.6	191	1.3	4,902	0.5	967	7.2	5,869	0.6
4年生	−	−	−	−	−	−	−	−	362	3.9	362	3.9
単位制	1,306	1.3	161	1.4	1,782	1.8	3,249	1.5	6,397	12.2	9,646	3.6
計	33,034	1.4	16,080	2.2	3,112	2.1	52,226	1.6	14,017	12.9	66,243	2.0

（注）中途退学率は，在籍者数に占める中途退学者数の割合。
出典）文部科学省　2009「平成20年度児童生徒の問題行動等生徒指導上の諸問題に関する調査」

中退の理由をみると，平成になる前後の時期は学業不振や問題行動等，家庭の事情が多かったが，最近では学校生活・学業不適応や進路変更が多くなっている。2008（平成20）年度では，学校生活・学業不適応が39.1%と最も高く，「もともと高校生活に熱意がない」（14.9%），「人間関係がうまく保てない」（7.6%），「授業に興味がわかない」（6.3%），「学校の雰囲気が合わない」（5.6%）等が具体的な理由としてあげられている。

以上のことから，高校に入学したときからの1年間が重要であり，高校生活や授業に興味がもてるような工夫と，不登校の原因になると考えられる人間関係や学校の雰囲気にうまくなじめるような配慮が必要である。

しかし，高校が義務教育ではないことから，不登校や中退は本人の問題として積極的に取り組む姿勢に欠ける面があるので，まずは指導する側の意識を変えることから始めることが何よりも大切である。

（2）家庭内暴力

　ここで言う家庭内暴力は，子どもがその家族に対して暴力を振るうものを指す。少年相談や補導活動等を通じて警察が認知した少年による家庭内暴力の対象別件数の推移を示したのが図3-2であり，2008（平成20）年度は1,280件で前年に比べて5.5％増加している。主な対象は約60％が母親であるが，父親，きょうだい，祖父母が対象になることもある。

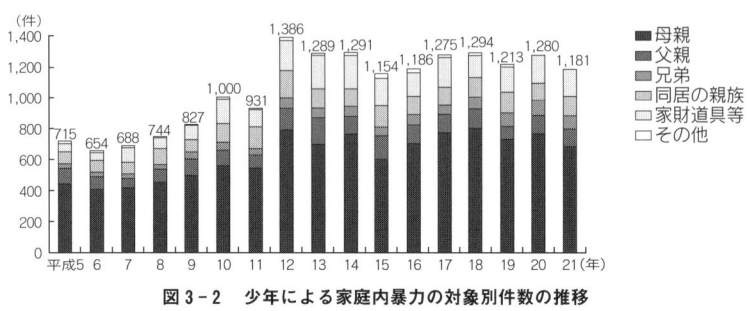

図3-2　少年による家庭内暴力の対象別件数の推移
出典）内閣府　2010「平成22年版子ども・若者白書」

　家庭内暴力は，以下の4つのタイプに分けられる。
1）不登校に随伴したもの（不登校の問題が主で，家庭内暴力が一時的に伴っているタイプである）。
2）性格や思春期心性に基づいたもの（親から自立したい気持ちと親から離れる不安との間の葛藤を背景として暴力が生じるタイプである）。
3）病気の症状と関連したもの（神経症，ことに強迫神経症，恐怖症などの症状の苦しさから逃れる手立てとして暴力が振るわれることがある）。
4）非行の一部分として現われたもの（親が子どもの非行を押さえようとしたときに，暴力が親に向かうことがある）。

　次に，不登校に随伴した家庭内暴力のケースをみてみよう。
　高校1年生の男子Aは，1学期の6月ごろより断続的に欠席するようになり，2学期は全欠席となる。一日中，2階の自室でテレビを見たり，音楽を聴いたりしている。自室の入口には，「今週は学校へ行きません。無断入室を禁ず」というはり紙をしている。担任教諭が訪問しても会おうとせず，自室に閉じこもっている。
　ある日，Aの部屋のドアが開いていたとき，母親が中をのぞくと，Aは怒っ

て「罰金5万円を出せ」と主張し，母親が相手にしないでいると，Aは執拗に，最後は「10万円出せ」と言い出す。このようなことがあってから，家庭内で暴れるようになり，ガラスを割ったり，母親に暴力を振るったりする。

　Aが休み始めたころ，「○○を買ってくれれば登校する」という態度をとったので，母親は自転車，テレビ，ビデオ，ステレオなど高価なものを次々と購入している。母子家庭で上に姉がいるが，男の子なので甘やかされてわがままに育った。しかし，外に出ると大人しく，他人からはいい子だと思われている。

　暴力がひどくなったので，母親は家に帰らず自家用車の中で過ごしている。姉も母親に同情して車の中にいることが多いが，たまに家に帰ってもAは姉に暴力を振るうことはない。

　家庭内暴力の背景には，発達上の問題に対する挫折があり，その挫折によって生じた鬱屈した気持ちが，親への暴力となって現われていると考えられる。Aの場合も友だち関係がうまく築けなかったことが不登校の原因であり，その挫折感を母親が理解できなかったために，家庭内暴力にまでエスカレートしてしまったのである。以上のように，長く続く家庭内暴力は，家族に大きな心理的負担を与え，それが悪循環のもとになっている。家庭内暴力からの回復のポイントとして，以下のことがあげられる。

①親自身が元気になること
　子どもから暴力を受けるショックは大きく，悲観的な気分に陥りがちである。しかも，このような状態がいつまで続くのかと絶望的になりやすい。だからこそ気分転換を図るため，自分の好きなことをやって少しでも元気になることである。そうすれば，前向きに考えることもできるようになる。

②物理的に子どもと距離を置くこと
　毅然とした態度で暴力を拒否するとともに，物理的に離れることで直接的な暴力を回避することができる。また，距離を置くことで互いに冷静になり，解決の糸口を見いだすきっかけになる。

③支援を求めること
　学校，相談機関，親戚，友人など，家族が信頼し安心に思える人とつながりをもち続けることが，最大の支援となる。Aの場合は，母親がかかっていた病院の協力により思春期病棟に入院して心理治療を受けることができた。

(3) ニート

ニート（NEET）とは，英国政府が労働政策上の人口の分類として定義した言葉で，not in education, employment or training の略語であり，日本語訳は「教育を受けておらず，労働をしておらず，職業訓練もしていない」となる。

「○○をしていない」という状態を表わすにすぎない言葉であったが，日本における若年無業者問題として，現在では「○○をする意欲がない」という意味で使われることが一般的となっている。

2004（平成16）年の労働白書から，初めてニートにあたる存在を若年層無業者とし，2005（平成17）年以降の労働白書では，新たに家事・通学をしていない既婚者・学生も若年無業者に加えている。したがって，若年無業者は4つの「非」で定義されており，非就業，非求職，非通学，非家事である。

図3-3は，若年無業者の経年推移を示したものであるが，2002～2005年64万人，2006～2007年62万人，2008年64万人，2009年63万人，2010年60万人と推定される。この数字は，対人口比で約2％にあたる。

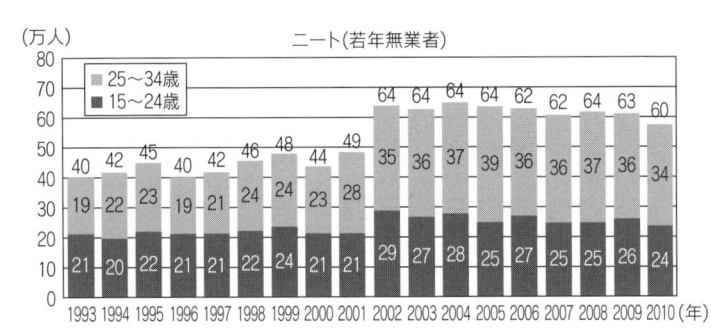

図3-3　年齢別ニート（若年無業者）数の推移

出典）厚生労働省　2010「平成22年版労働経済白書」

内閣府の調査では，ニートを非求職型と非希望型に分類している。前者は就業を希望するものの具体的な就職活動等の行動を起こしていない者のことであり，後者は就業自体を希望していない者のことである。

内閣府の定義によるニートの総人口は，非希望型はあまり変化がみられないが，非求職型のニートが増加しているという。

以上のような若年無業者対策として行なわれたのが，若者自立塾である。これは厚生労働省からの委託を受け，財団法人社会経済生産性本部が実施するニート支援のための助成事業のことである。

　3～6か月間の中で，合宿形式で集団生活を行なうとともに，職業体験やワークショップを行なう。塾生（参加者）たちは生活訓練と職業体験を通して，最終的な目標である就職を目指す。若者自立塾の原型は，アメリカ合衆国のジョブコア（16～24歳の「社会的に不利な立場に置かれた者」を対象とした寄宿制のプログラム）である。

　青年の自立支援事業を実施していた人々の間で，ニートのいる家庭の駆け込み寺となることが期待されていた。しかし，初年度の入塾者数は466人と想定の1,200人を大きく割り込んだ。

　施策の効果について，2006年3月1日時点における修了者の就業率は約48％となっており，ある程度の成果はあったが，期間の延長等の改善が求められている。しかし，2010年3月31日をもって事業終了となった。

　現在は，地域若者サポートステーションが，若年無業者を職業的自立へ促すための中心的なものになっている。これは，厚生労働省の「地域における若者自立支援ネットワーク整備モデル事業（地域若者サポートステーション事業）」により実施された事業，および同事業により開設された若者の相談窓口の名称である。

　厚生労働省から委託された団体が実施し，モデル事業は2007年で終了したが，2008年以降は一般事業として継続されている。地域若者サポートステーションの設置は，2006年度25か所，2007年度50か所，2008年度77か所であり，2009年度は最大92か所に及んだ。

　主要事業は，相談支援，職業意識啓発，コーディネートであり，ジョブカフェやハローワークなどの職業紹介機関，NPO団体，精神保健福祉センター，そして地方自治体などとネットワークを形成し，協力して目的を達成することが求められている。

2．青年後期の臨床的問題

青年後期は，19〜22,23歳で大学時代に相当する。この時期には，以下のような臨床的問題がある。

(1) スチューデント・アパシー

アパシー（apathy）とは，本来は精神疾患や脳器質疾患にみられる無感情や感情鈍麻の状態を指し，無気力・無関心・無快楽が主な特徴である。

スチューデント・アパシー（student apathy）という言葉は，1961年にウォルターズ（Walters, P. A. Jr.）が，「情緒的ひきこもり，競争心の欠如，空虚感などの状態を示す一群」の学生たちを報告したときに用いられ，本来のアパシーと区別したことに始まる。

日本においても，学業への意欲を失い，長期欠席のうえ留年をくり返す学生が，1960年代後半，1970年代に入ってから目立ち始め，そのような新しいタイプの留年学生群は，「意欲減退学生」とよばれた。それを笠原（1977, 1984）は「退却神経症」さらには「アパシー・シンドローム」として，その状態像を考察している。

図3-4は，1979（昭和54）年より開始された全国の国立大学の留年率であるが，おおよそ5〜7％で推移していることが示されている。

スチューデント・アパシーの特徴的な症状は，大学生の本業である勉強のみに対する無関心で，アルバイトなど勉強以外のことは真面目に取り組む。そのため，周囲からは怠けているとみられることが多い。

早くは高校時代，あるいは大学1年生から発症することもあるが，ほとんどは大学2年生ごろから症状が顕著になることが多いので，「2年生のスランプ」とよばれることもある。

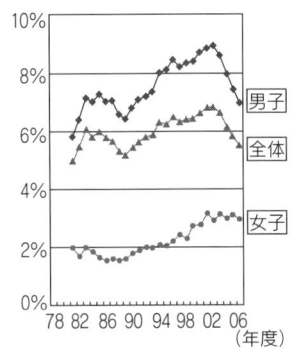

図3-4　留年率の年次推移
（内田，2009）

性格的には，気が優しく，優勝劣敗に敏感で，競争事態を避け，そこからあらかじめ降りてしまう。真面目・几帳面・完全主義傾向を備え，強迫性格を有する。男女比では，圧倒的に男子学生に多いが，

女子学生では摂食障害に陥ることもみられる。

　原因はいまだ明確ではないが，受験による疲労，無目的な進学，親の期待からの重圧などが推測されるが，その背後には同一性形成の問題（男性的同一性の形成をめぐる葛藤）があると考えられ，その点で中学生・高校生の不登校と根を同じくしている。

　次に，上述した摂食障害は，DSM-Ⅳ-TRによる基準では，神経性無食欲症（いわゆる拒食症），神経性大食症（いわゆる過食症），特定不能の接触障害に分類される。有病率は女性が約90％と圧倒的に多く，男性は全体の5〜10％程度であり，女子大生の4〜5％が摂食障害とされている。

　拒食と過食は，表面上は正反対の食行動異常であるが，両者は基本的には同じ病態で，ある時期には拒食の状態であったものが，その後，過食の状態へと移行する場合が多くみられる。

　特に拒食に関しては，「痩せ」を賞賛する社会的風潮も増加の一因である。典型例の経過は，ダイエットを開始→ダイエットを続けるうちに自分をコントロールできるという過信が生まれてくる→体重を減らすための様々な行動が加わる→健康を損なう，となる。

　厚生省研究班（1990）の診断基準は，以下の6項目のうちすべてを満たすものを確診例（典型例），1つでも満たさないものを疑診例（周辺群）としている。

　1）標準体重の－20％以上のやせ
　2）食行動の異常（不食・大食・隠れ食いなど）
　3）体重や体型についての歪んだ認識
　4）30歳以下の発症
　5）無月経（女性の場合）
　6）やせの原因となる他の器質的疾患がないこと

　摂食障害の心理的な原因には様々なものがあり，古典的には成熟拒否，肥満恐怖などと理解されたが，依存症の一種で人間関係から生じるストレスに適切な対処をとることができずに，やせることで対処していると考えられる。

(2) モラトリアム人間

　現代青年の特徴の1つに，エリクソン（Erikson, 1959）のいう心理社会的モラトリアム（pychosocial moratorium）をあげることができる。
　このモラトリアムとは，ラテン語の morari（遅滞する）から派生した語で，天災，戦争などの非常事態下において，国家が公権力を発動して債権・債務の決済を一定期間延長し猶予することをいう（『経済学辞典』，岩波書店）。
　そこから心理社会的モラトリアムは，社会が青年に与えた猶予期間であり，大人になることを猶予されている状態を意味する。
　エリクソンは青年期をアイデンティティ（identity）確立のための役割実験の時期とし，このモラトリアムを経験してもアイデンティティが確立できない状況をアイデンティティ拡散とよび，青年期の危機と捉えている。
　なお，アイデンティティは，エゴ・アイデンティティ，自我同一性という意味で，自己を再検討・再吟味し，これまでの自分とこれからの自分の統合が実感でき，自分というものが社会，他人にとっても意味ある存在であることを実感できる状態である。
　具体的には，「自分は何者か」「自分の目指す道は何か」「自分の人生の目的は何か」「自分の存在意義は何か」など，自己を社会の中に位置づける問いかけに対して，肯定的かつ確信的に回答できることが重要な要素である。
　以上のことに関して，小此木（1978）はモラトリアムを古典的モラトリアムと現代的モラトリアムに分け，それぞれの心理的特徴を述べている。
　古典的モラトリアムの心理では，①半人前意識と自立の渇望，②真剣かつ深刻な自己探求，③局外者意識と歴史的・時間的展望，④禁欲主義とフラストレーションを特徴としている。
　現代的モラトリアムの心理では，①半人前意識から全能感へ，②禁欲から解放へ，③修行感覚から遊び感覚へ，④同一化（継承者）から隔たり（局外者）へ，⑤自己直視から自我分裂へ，⑥自立への渇望から無意欲・しらけへと変化している。
　現代の青年，特に大学生にあっては，エリクソン流のモラトリアムとして過ごしているというよりは，青年期の中で安住し，大人になろうとしない状態をみることができ，その時代の社会的性格としてモラトリアム人間を提唱してい

るのである。

　実際に，学生という特権的地位にあることは，子どもでも大人でもないことを可能にしている。朝何時まで寝ていても，授業を適当にさぼっても怒られることもないし，アルバイトでかなりの収入を得ることができ，高価なものを買ったり，海外旅行も可能である。また，卒業する時期になっても留年をくり返したり，問題意識もなく大学院へ進学したり，さらに就職しても適応できず転職をくり返す者も多い。

　これらは自信がなく自立できないのではなく，現代的モラトリアムの心性によって自立しようとしない青年を浮きあがらせている。すなわち，社会の一員として参加していくという意識が乏しく，社会では当事者意識をもたないということであり，その根底には大人になろうとしない心理があると考えられる。

　さらに，自立というキーワードからピーターパン・シンドロームとシンデレラ・コンプレックスに言及する必要があろう。

　ピーターパン・シンドロームは，カイリー（Kiley, 1983）によって提唱され，妖精たちと楽しく遊び暮らすピーターパンのように，いつまでも大人社会への参入を拒否している男性が示す症候群をいう。心理的傾向として，感情を適切に表現できない「感情麻痺」，すぐにものごとに取り組めない「怠惰」，対人関係がうまくとれない「社会的不能」，自分勝手な考え方をする「思考の魔術」「母親へのとらわれ」と「父親へのこだわり」などをもっているとされる。

　また，シンデレラ・コンプレックスは，ダウリング（Dowling, 1981）によって提唱され，「いつかは王子様が現われ，その人に自分の人生を任せて守られていたいという心理的依存状態」（落合, 1984）を意味している。しかし，外見と内面にギャップがあり，心の深層に依存心があることを否定し，仕事の鬼と表現されるような無味乾燥で虚無的な態度をとる。

　以上のような2つのシンドロームは，現代青年が心理的に自立できないでいる傾向を示している。すなわち，男子青年は母親から心理的離乳ができず，女性に対しても自信がもてない状態にあり，それに対して女子青年は，家庭的な母親の生き方に疑問を感じて女性の自立を目指しながらも，内なる依存願望との間で慢性的ゆううつ状態にあると考えられる。

（3）社会的ひきこもり

社会的ひきこもりは，アメリカ精神医学会の診断と統計のためのマニュアル「DSM-IV」の中の social withdrawal とよばれる症状名の直訳である。

斎藤（1998）は，社会的ひきこもりを以下のように定義づけ説明している。
- 20代後半までに問題化
- 6か月以上，自宅にひきこもって社会参加をしない状態が持続
- 他の精神障害がその第一の原因とは考えにくい

この3項目を満たす事例が「社会的ひきこもり」とよばれることになる。わずかこれだけの定義を満たすにすぎない事例群が，極めて似通った状態像と経過を呈することは注目に値する。男性事例が8割と圧倒的に多いが，一定の性格傾向や家庭環境との結びつきは弱い。

さらに，問題の初発は不登校で始まるケースが多いことから，典型例は「不登校の大人版」であり，こうした事例が立ち直るチャンスを逸したまま学籍を失い，成人してしまった場合，その事例の呼称は「不登校」から「社会的ひきこもり」に変わる，としている。

以上のように，社会的ひきこもりは不登校と同様に1つの状態像であり，問題群であると考えられる。

厚生労働省は，2003（平成15）年の『ひきこもり対応ガイドライン』で，「20代後半までに問題化し，6カ月以上，自宅にひきこもって社会参加しない状態が持続しており，他の精神障害がその第一の原因とは考えにくいもの」としており，斉藤が提唱している社会的ひきこもりの定義を引用するにとどまっている。

その後，2010（平成22）年の『ひきこもりの評価・支援に関するガイドライン』では，「様々な要因の結果として社会的参加（義務教育を含む就学，非常勤職を含む就労，家庭外での交遊など）を回避し，原則的には6カ月以上にわたって概ね家庭にとどまり続けている状態（他者と交わらない形での外出をしていてもよい）を指す現象概念である。なお，ひきこもりは原則として統合失調症の陽性あるいは陰性症状に基づくひきこもり状態とは一線を画した非精神病性の現象とするが，実際には確定診断がなされる前の統合失調症が含まれている可能性は低くないことに留意すべきである」と定義されている。

2010年の調査によれば，ひきこもりの当事者がいる世帯数は25万世帯に及ぶが，世帯数を単位としているので少なく見積もられていることになる。また，統計は有効回答数をもとに計測されるので，実際にはひきこもりの数は40～50万人，さらには100万人規模に達するのではないかと考えられている。

　したがって，前述したニートと同様に，社会的ひきこもりを青年期の問題に限定することはできないが，「20代後半までに問題化」していることが，青年期の臨床的問題の1つとして取り上げた理由である。

　社会的ひきこもりへの支援については，すぐにひきこもり当事者を社会参加させようとしても無理なことであり，むしろ社会参加させることのみを第一に考えるべきではない。

　まずは家族の相談・支援であり，電話相談に始まり，家族が継続して相談機関に通うようになり，その後，ひきこもり当事者にかかわっていくようになることが多い。さらに，ひきこもり当事者本人が相談に来られるようになって，集団経験をしたり，就労体験などをしたりして，徐々に社会参加に近づくというプロセスが一般的である。

　外出できるようになることが目標であっても，ひきこもりからの回復のための支援のポイントは，それ以前の積み重ねであり，まず第一に，昼夜逆転の状態からある程度の予定を立てて日々の生活を行なえるようになることである。

　次に，家族以外に相談できる人を見つけ，地道な，熱心なかかわりを求められることである。外出できればカウンセリングを受けることも可能であるが，外出できなければ別の方法が必要である。その1つに，「レンタルお兄さん・レンタルお姉さん」というのがある。これは，ひきこもり支援組織が依頼主である親からの依頼を受け，「お兄さん（男性）」または「お姉さん（女性）」を派遣し，メールや電話などのやりとりのほか，ひきこもり当事者の家を訪問し，ときには身のまわりの世話もしながら，社会とかかわれるようにする人たちおよびその仕事のことを指す。しかし，依頼されてすぐにひきこもりの部屋に入れるわけではなく，根気と努力が必要とされ，誰でもできるボランティア活動とは異なるものである。

第2節　成人期の問題と心理臨床

1．成人前期の臨床的問題

発達には上昇的過程と衰退的過程があり，完成の状態を青年期に置くというのが，これまでされてきた考え方である。

したがって，完成までの疾風怒濤時代といわれる青年期に焦点が当てられ，青年期以降についてはそれほど関心がもたれなかったというのが実情である。

しかし，平山と鈴木（1993）が，

・すべての機能のピークが青年期にあるのではない。

・青年期以降の時期が単なる衰退的な過程ではない。

と述べているように，青年期以降が注目されるようになっている。

しかも，成人期は人生の中で最も長く，ストレス社会といわれるように社会情勢の変化もあって，それだけ多くの困難や危機を体験する時期であるという認識に変化している。

そこで本節では，成人期を前期，中期，後期に分けて，各時期の臨床的問題について述べる。

(1) マタニティ・ブルー

20歳代後半から30歳代は若い成人期（young adult）ともいわれ，恋人をつくり，結婚し，家庭をつくることが，この時期の特徴であり，エリクソン（Erikson, E. H.）は自我同一性を基盤とした親密性を獲得するという課題をもつとしている。

女性が結婚し妊娠すれば，やがて出産を迎えることになる。しかし，出産という体験は，女性にとってたいへんなライフイベントであり，出産により身体的な疲れだけでなく，心理的にも様々なストレスを体験するが，特に出産から産褥10日ごろまでにはっきりした理由もないのに泣きたい気持ちになったり，軽いうつ状態になったりすることがある。

この状態をピット（Pitt, 1973）がマタニティ・ブルー（maternity blue）と名付けたが，主な症状としては，涙もろさ，抑うつ気分，不安，緊張，集中力の低下，焦燥感，不眠などの精神状態と頭痛，疲労感，食欲不振などの身体症

状がみられる。

　一般的に出産によってホルモンのバランスが急激に変化することから起こると考えられているが，それが唯一の原因ではなく，育児という慣れない経験をすることに対する不安，睡眠不足などのストレスといったことが複合的に重なることで，精神的に不安定になると思われる。

　マタニティ・ブルーは，産後2週間未満で消失し自然に治癒することも多いが，中には産後うつ病とよばれるものに移行する場合もある。例えば，1か月以上もふさぎ込んだ状態が続き，自責の念が強くなって育児に対する自信を喪失したり，育児放棄してしまうような症状が現われたりしたときは要注意であり，医師の診断が必要である（郷久，1989）。

　そうなりやすい人の性格的な特徴としては，完璧主義，几帳面かつ神経質，責任感が強い，ものごとを否定的に捉える，周囲の視線を気にする，自分の意見をはっきり言わない，気分転換が下手などがあげられる。

　マタニティ・ブルーに対して大切なことはまわりのサポートであり，本人の訴えをよく聞き，家族であたたかく見守っていく姿勢である。特に夫は妻の話し相手になり，不安やグチをよく聞く必要がある。妻の訴えを軽く聞き流したり，がんばるように励ますことは逆効果である。

　心身の休養を図ることも大切であり，夜間に睡眠不足であれば日中に短時間の睡眠を何度もとるようにしたり，家族の協力を得て休養がとれる体制をつくる必要がある。例えば，夫の休日に子守りを頼んだり，身内の協力を得たり，それが無理なときは産褥シッターとよばれる産後の手助けをしてくれる人を派遣する家事代行業者もある。

　特に大切なことは，本人の心構えであり，何でも1人で抱え込まずに，夫や家族に頼めることは頼み，少々の手抜きを自分自身に許すことである。また，今の状態が永遠に続くといった思い込みをしないで気を楽にもつことである。そのためには，ショッピング，散歩などで気分転換をしたり，育児サークルで同じ立場の人とおしゃべりをしたりすることが効果的である。

(2) 職場のハラスメント

若い成人期は，青年が大人の世界へ入る時期であり，職業をもつこともその時期の特徴としてあげられる。しかし，夢や希望を抱いて仕事を始めても，厳しい現実に直面することがある。その1つが職場のハラスメントである。

ハラスメント（harassment）とは，「相手に迷惑をかけること＝嫌がらせ」の意味であり，職場でのハラスメント行為には，一般的に次の3つがある。

①モラル・ハラスメント／モラハラ

モラル・ハラスメント（moral harassment）はフランス人精神科医のイルゴイエンヌ（Hirigoyen, 1998）が提唱した造語で，「言葉や態度，身振りや文章などによって，働く人間の人格や尊厳を傷つけたり，肉体的，精神的に傷を負わせて，その人間が職場を辞めざるを得ない状況に追い込んだり，職場の雰囲気を悪くさせること」である。

以前にはこのような問題は，職場のいじめ，精神的虐待・暴力ということで取り扱われてきたが，イルゴイエンヌはそこに自己愛性格の考え方とモラル・ハラスメントという言葉を導入し，職場のモラル・ハラスメントを2つに分類している。

1つは職権の濫用によるもので，日本ではパワー・ハラスメントとよばれている。もう1つが自己愛人間による陰湿なやり方で相手の心を傷つける攻撃で，これが純粋なモラル・ハラスメントである。

自己愛性格というのは，人格障害の一種で，「自分が偉くて，重要人物だと思っている」「いつも他人の賞賛を必要としている」「他人に共感することができない」などで規定されるが，実際には自己愛傾向の強い人から自己愛性人格障害まで幅がある。

②パワー・ハラスメント／パワハラ

パワー・ハラスメントは和製英語のため英語では通じない。「職権などのパワーを背景にして，本来の業務の範疇を超えて，継続的に人格の尊厳を侵害する言動を行ない，就業者の働く関係を悪化させ，あるいは雇用不安を与えること」である。

例えば，上司や先輩が部下や新人に対して，くり返し必要以上に大声で怒鳴ったり，厳しく叱責したりするような場合である。

これには 2 つのパターンがあり，リストラ目的で退職に追い込むためのハラスメント行為，心理的に追いつめられた上司によるストレス習慣としてのハラスメント行為である。後者は，リストラの圧力や目標達成などの心理的プレッシャーから逃れるために，部下にあたることで一時的にストレスを解消しているのである。

③セクシャル・ハラスメント／セクハラ

セクシャル・ハラスメント（sexual harassment）は，「時・場所・相手をわきまえずに，相手を不愉快にさせる性的な言動のこと」である。男性が受ける場合もあるが，一般的には女性がその状況で，そのような言動を受けた場合，不快と感じるかを基準に判断される。

これには，対価型と環境型に大別される。前者は，「給料をあげてほしければ」「クビになりたくなければ」などの条件と引き替えに肉体関係の要求をするものである。後者は，そのような行為がされることで，働きづらい環境がつくられる行為の総称であり，「相手の体をなめまわすように見る」などの視覚型，「性的な発言や質問をする」などの発言型，「相手の背後を通りすぎるたびに身体の一部を触る」などの身体接触型がある。

以上のように，モラル・ハラスメント，パワー・ハラスメント，セクシャル・ハラスメントという3つのハラスメント行為をみてきたが，図3-5のように「自己愛的な」「上司からの」「性的な嫌がらせ」になれば3種類の要素をすべて含んでおり，女性の場合はこのような被害を受けることが最も多いと思われる。

最近では，社内にハラスメント対策室ができて相談に応じたり，ハラスメント防止のための社内規定がつくられたりしているが，今後もハラスメントについての啓発は必要である。

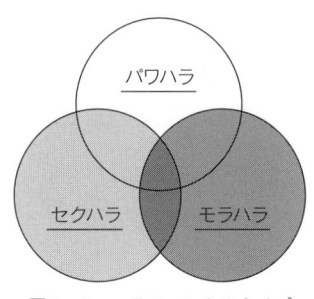

図 3-5　ハラスメントのタイプ

(3) ドメスティック・バイオレンス

ドメスティック・バイオレンス（domestic violence：DV）とは，同居関係にある配偶者や内縁関係，両親・子・きょうだい・親戚などの家族から受ける家庭内暴力のことをいう。

domestic は本来「家庭」という意味であるが，近年ではカップル間において，一方が他方を暴力によって支配している状態を指し，夫から妻への夫婦間暴力が最も多い。したがって，本来はジェンダー・バイオレンスとよぶべきものである。具体的には，以下のような種類がある。

1）身体的暴力（殴る，蹴る，物をぶつける，火傷などの外傷を負わせるなど一方的な暴力行為を行なう）
2）精神的暴力（恫喝したり日常的に罵る，無視するなどのストレスとなる行為をくり返し行なう）
3）性的暴力（性交の強要，一方的な行為で，近親間強姦ともよべる）
4）経済的暴力（仕事を制限する，生活費を入れない）
5）社会的隔離（近親者を実家や友人から隔離したがる。電話や手紙をチェックする。外出を妨害する）

まず，警察における暴力相談等の対応件数についてであるが，対応件数とは都道府県警察において，配偶者からの暴力事案を相談，援助要求，保護要求，被害届・告訴状の受理，検挙等により認知・対応した件数である。これによると，2007（平成 19）年度に初めて 2 万件（2 万 992 件）を超えている。

次に，配偶者暴力防止法に基づき，都道府県の婦人相談所など適切な施設が配偶者暴力相談支援センターの機能を果たしており，2009（平成 21）年 4 月現在，その数は全国で 183 か所（うち市町村の支援センターは 12 か所）となっている。支援センターにおける相談件数は，電話によるものを含めると，2007（平成 19）年度に 6 万件（6 万 2,078 件）を超えている。

また，婦人相談所では配偶者からの暴力の被害者およびその同伴家族，移住先がない女性や，人身取引被害者等の一時保護を行なっているが，一時保護件数は 1 万件を超えており，このうち夫等の暴力を理由とする者は，4 千件台を推移している。

前述した警察の DV 認知件数は，2008（平成 20）年度は前年比約 20％増の

2万5,210件で，被害者の98.4%は女性であり，年齢別では30代36.2%，40代22.1%，20代21.2%で，20〜40代が全体の約80%を占めている。

DVは一度だけの出来事ではなく，くり返し起こり，虐待のサイクルといわれ，次のような段階が認められる。

第一段階は，まず言葉の暴力が始まり，被害者は加害者をなだめる必要があると感じるが，緊張関係が高まってコミュニケーションができなくなり，重苦しい雰囲気になる。

第二段階は，高まった緊張感が爆発し，加害者は非難，文句，脅し，卑下などの激しい言葉を発して精神的虐待の状態になり，次いで身体的暴力，性的暴力を行ない，それは数分から数日にわたって続く。

第三段階は，ハネムーン期といわれ，加害者は被害者に謝り，言い訳をし，気づかいをみせる。被害者は，加害者を好きになったころと同じだと再確認し，加害者の「変わる」という言葉を信じて和解する。

第四段階は，暴力の事実は一見忘れられ，暴力のない平安な時期を過ごすが，徐々に緊張関係が高まり，第一段階に戻っていく。

以上のように，DVへの対応は非常に難しいが，社会一般に女性や女性の役割について固定観念があり，それが被害者の女性には不利に，加害者の男性には有利にはたらくという背景が存在する。

2008（平成20）年度に警察が検挙した件数は1,650件で，傷害871件，暴行504件の順に多く，殺人も77件あった。

このような深刻化する状況の中で，DV防止対策として制定されたのが配偶者暴力防止法である。2001（平成13）年10月13日施行，2004（平成16）年12月2日改正施行，2008（平成20）年1月11日最終改正施行となっている。

骨子は保護命令であり，①被害者への接近禁止命令（期間は6か月），②被害者への電話等禁止命令，③被害者の同居の子への接近禁止命令，④被害者の親族等への接近禁止命令，⑤被害者とともに生活の本拠としている住居からの退去命令（期間は2か月）が主なものである。

執拗なつきまといや無言電話などの嫌がらせを含むストーカー行為に対しては，ストーカー規制法を適用して警告や摘発することも行なわれる。

2．成人中期の臨床的問題

成人中期，すなわち中年期（middle age）は，身体的，心理的，社会的変化が顕在化しやすい時期であり，今までの人生を振り返らねばならない時期である。そのため，自己内部の対立が問題化すると考えられ，これが「人生半ばの危機（mid-life-crisis）」である。

（1）うつ病と自殺

うつ病は必ずしも中年に特有の病気ではなく，どの年代でも起こるが，図3－6のように，統計的には40代にピークがあり，次いで30代，50代に多くみられる。また，うつ病は自殺と結びつきやすい病気である。

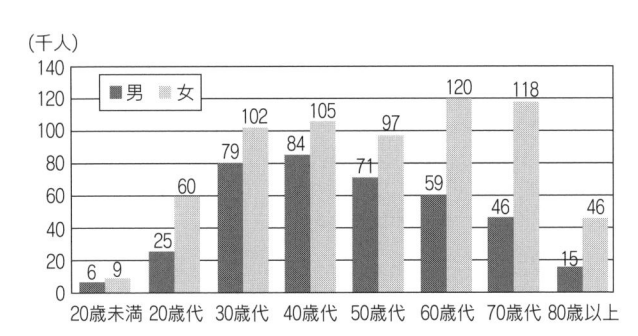

図3－6　うつ病の男女年齢別総患者数（2008年10月）
出典）厚生労働省　2009　「平成20年患者調査」

自殺死亡数は，1998（平成10）年に死亡統計始まって以来の3万人を超えるレベルに急増した（3万1,755人）。

歴史的には，図3－7でわかるように，1950年以降においては自殺死亡の2つの山が観察されている。すなわち，1958（昭和33）年をピーク（2万3,641人）とする1955年前後の第一の山，1986（昭和61）年をピーク（2万5,667人）とする1985年前後の第二の山がみられている。

1998年以降の急増が，これまでと同様に減少に転じて第三の山となるか，増加を続けるかについて，注意深い監視が今後とも必要である。

年齢別にみると，1950年には20歳前半の若年者での自殺死亡が多くみられる。また，1985年前後の自殺死亡の急増においては，50～54歳の中高年の男

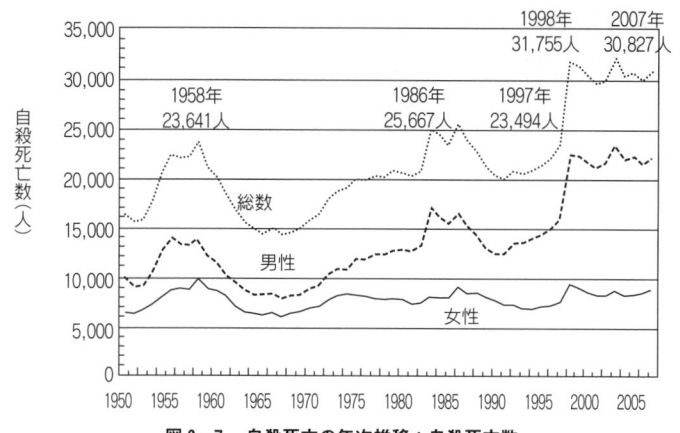

図3-7 自殺死亡の年次推移：自殺死亡数

出典）厚生労働省　2010　「平成21年人口動態統計」

性で自殺死亡率の山が出現している。

　さらに，1998年以降の自殺死亡急増にかかわる2000年の年齢階級別死亡率では，55～59歳の中高年の男性で極めて高い自殺死亡率の山が出現している。

　以上のように，1985年前後と1998年以降を比較すると，1998年以降の急増は5歳程度高齢にシフトしていることがわかる。しかし，70歳以上の年齢階級では，むしろ低下しており，50～64歳の中高年の男性で激増しているのである。

　以上の説明として，中年世代になるとうつ病になりやすい性格傾向をもちやすくなることがあげられる。医学的にはメランコリー性格あるいは執着性格といわれる。具体的には，几帳面で何ごとにもきちんとしており，真面目で責任感が強いというような性格であるが，その一方で柔軟性に欠け，状況の変化についていきにくい性格ともいえる。

　このような性格の人が，様々なことをきっかけに不適応状態になって，うつ病を発症すると考えられる。例えば，ショッキングな事件があって反応的にうつ病になる反応性うつ病，会社，家庭でのストレスの結果としての状況うつ病，その他に会社，家庭の出来事による昇進うつ病，引っ越しうつ病などがある。

　うつ病の治療法としては，抗うつ剤や精神安定剤を中心とした投薬治療と精神療法が用いられる。後者については，最近では認知行動療法がよく使われている。

(2) タイプAと過労死・燃え尽き症候群

中年世代には，仕事熱心で組織に忠誠を尽くす，いわゆる仕事人間が多く，また中間管理職としての板挟みのストレスを受けたりして，それがうつ病や過労死の一因になると考えられる。

フリードマンとローゼンマン（Friedman & Rosenman, 1974）は，39～59歳の勤労者に対して追跡調査を行なっており，心筋梗塞や狭心症といった虚血性心疾患になりやすい人にある共通した，特徴的な行動特性があることを見いだし，それをタイプAとよんでいる。

タイプA行動とは，他人と競争し，攻撃し，社会的に成功しようと自分を駆り立てる行動特性である。特徴的な行動として，①極端ともいえる精力的活動性，②時間的切迫性，③攻撃性などがあり，前田（1985）は以下のような12項目の簡易質問紙法によって，タイプAの行動パターンを捉えている。

1) 忙しい生活ですか。
2) 毎日，時間に追われる感じがありますか。
3) 仕事や何かに熱中しやすいですか。
4) 熱中していると，他のことに気持ちのきりかえができにくいですか。
5) やる以上は徹底的にやらないと気がすみませんか。
6) 仕事や行動に自信をもてますか。
7) 緊張しやすいですか。
8) イライラしたり怒りやすいですか。
9) 几帳面ですか。
10) 勝気な方ですか。
11) 気性が激しいですか。
12) 他人と競争する気持ちをもちやすいですか。

このような性格が，日常生活でのイライラを高め，強いストレスが持続して心臓血管を蝕んでいくと説明されている。

タイプAは，ストレスフルな生き方をしていることには間違いなく，一種の過剰適応であるとも考えられ，自分の生き方や行動を変える必要がある。それに対して，そのような行動特性をもたないでゆっくりした生き方の人をタイプBとよんでいる。

タイプAは，心・血管疾患の危険因子として観察されたものであるが，癌になりやすい性格としてタイプC（cancer）といわれるものもある。タイプCは，いわゆる「いい子」で自己犠牲的であり，周囲に気を遣い譲歩的である。しかも，我慢強くて怒り，不安，絶望感，無力感といった否定的な感情を表現せずに抑制する傾向をもつとされる。

　ところで，長時間過密労働，深夜勤務，海外出張，単身赴任等による極度の過労やストレスを原因とする死亡を過労死というが，脳出血，くも膜下出血，急性心不全，心筋梗塞による死亡が大きな比重を占めている。

　表3-2は，過労死労災認定件数の推移を示したものであるが，申請数および認定数の増加により，過労死が深刻化していることがわかる。

　過労死とともに精神疾患による労災の申請も増加している。燃え尽き症候群（burnout syndrome）は，1つのこと（職務）に没頭していた人が慢性的で絶え間ないストレスが持続すると，意欲をなくし，社会的に機能しなくなってしまう症状であり，一種の外因性うつ病とも説明される。

　極度のストレスがかかる職種や，一定の期間に過度の緊張とストレスのもとに置かれた場合に発生する。会社の倒産と残務整理，リストラ，家族の不慮の死と過労などに多いといわれている。

　いずれにせよ，がんばりも我慢も限度があるのであり，自分自身の生き方を再点検し，性格や行動を変える努力が必要である。

表3-2　過労死労災認定件数の推移（過労死・自死相談センター，2006）

年度		1988	1989	1990	1991	1992	1993	1994	1995	1996	1997	1998	1999	2000	2001	2002	2003	2004	2005
過労死	申請数	676	777	597	555	458	380	405	558	578	594	521	568	685	690	819	742	816	869
	認定数	29	30	33	34	18	31	32	76	78	73	90	81	85	143	317	314	294	330
精神疾患	申請数	8	2	3	2	2	7	13	13	18	41	42	155	212	265	341	447	524	656
	認定数	0	1	1	0	2	0	0	1	1	0	1	3	17	39	57	108	130	127
	うち自殺数									1	2	3	11	19	31	43	40	45	42

(3) 女性のアルコール依存症

　お酒が好きになり，夕食時には必ずお酒を飲むとか，イライラしたときは一杯飲まないと落ち着かないといった状態になると，精神依存の状態という。

　さらに飲酒が進み，お酒を飲まないと体の調子がおかしいという身体依存の状態になり，不安，緊張，葛藤からの逃避としてお酒を飲み，それが心身に快感をもたらすようになる。以上のことがくり返され，やがてアルコール依存になると考えられる。

　最近では，女性の飲酒の機会が増え，表3-3のように40代，50代の女性の飲酒習慣者率が特に伸びている。

表3-3　飲酒習慣者の年次推移（性・年齢階級別）　　（％）

	1989（平成元）年			2002（平成14）年		
	全国	男	女	全国	男	女
20〜29歳	16.9	32.5	4.1	14.6	23.8	8.1
30〜39歳	27.3	55.5	8.0	22.4	42.3	9.4
40〜49歳	30.8	62.5	8.8	32.2	57.9	14.3
50〜59歳	29.1	58.2	6.5	31.4	60.7	12.3
60〜69歳	23.1	47.9	4.4	26.2	50.9	5.6
70歳以上	16.7	37.0	3.4	20.2	44.1	2.9
平均	25.3	51.5	6.3	25.4	49.0	8.5

（注）飲酒習慣者：週3回以上，1日に日本酒1合以上またはビール大1本以上飲んでいる人
出典）厚生労働省　2003　「国民栄養の現状（平成14年国民栄養調査結果）」

　飲酒をする女性が増えるにつれて，女性のアルコール依存症者も増えてきている。暴力を振るわないアル中も多く，近年ではごくふつうの女性，特に家庭の主婦のアルコール依存症が増加の傾向にあり，キッチン・ドリンカーとよばれる。

　しかし，女性に対してはまだ厳しい社会的飲酒規範が存在していることや，男性とは違った生理・妊娠を含む女性特有の問題があることによって，以下のような男性とは異なったアルコール依存症の特徴がみられる。

　1）アルコール依存症への進行が早い
　2）隠れ飲みが多い

3）誘因がみられる（家庭内ストレスなど）
4）暴力や反社会的行動が少ない
5）生理不順になりやすい
6）肝臓障害が生じやすい

ところで，アルコール依存症の親をもち成人した人たちに対して用いられるようになったのが，アダルト・チルドレン（adult children：AC）という言葉である。後にアルコール問題家族だけでなく，家族関係がうまく機能しない「機能不全家族」に育った人たちを adult children of dysfunctional family（ACOD）とよぶようになり，まとめて AC と総称される傾向にある。

アダルト・チルドレンは，クラウディア・ブラック（Claudia Black）というソーシャル・ワーカーが病院でアルコール・薬物依存症の子どもの援助にあたっていたとき，小さな子どもたちを「ヤング・チルドレン」のグループ，ティーン・エイジャーを「ティーンエイジ・チルドレン」のグループ，そして大人になった人たちを「アダルト・チルドレン」のグループと名づけたことに由来する。

親がアルコール依存症者という家庭状況の中を懸命に生きてきて大人になったが，幼いころに擦り込まれた自己イメージによって生きにくさを感じている人も多いのである。

ブラックは，AC の回復ステップを次のように提唱している。
1）過去（子ども時代）を探る
2）過去（子ども時代）と現在をつなげる
3）自分の中に取り込んだ信念に挑む
4）新しいライフスキルを学ぶ

以上によって，大人の自分が子どもの自分を認め，愛し，勇気づけ，大人の自分と子どもの自分を統合することができるようになるのである。

3．成人後期の臨床的問題

55～65歳は向老期，すなわち老年への過渡期である。身体的な老いは40歳ごろから始まっていたが，この時期になると，否応なしに身体的な衰えや，あるいは病気になることによって老いを実感するようになる。

この老いの自覚によって，来るべき老いに対しての心の準備をしなければならない。しかし，この時期は体力的な面でまだ若さがあり，経済的にも，社会的にも安定していれば，この時期のもつ可能性に挑戦できるのである。

（1）定年退職による心理的危機

まず，この時期の重要な出来事として定年がある。労働者が一定の年齢（定年年齢）に達すると自動的に雇用関係が終了する制度を定年制という。定年により退職することを定年退職といい，それまでの職業生活の終わりを示し，それ以後の生き方をどのように方向づけるかを決定しなければならない。

したがって，退職者が定年をどのように迎えるかによって，その後の生活が左右される。一般的には，定年を肯定的に受け止めるか，否定的に捉えるかであり，後者は心理的な危機を感じているといえよう。

岡本と山本（1985）は，退職者が定年をどのように迎えるかを調べ，7つのタイプを見いだしている（表3-4）。それによると，A，B型が肯定的に受け止めているのに対し，D型は否定的に捉え，心理的な危機を感じているという。

次に，定年退職者が自己実現のために選択しうる活動として，①再雇用などで収入を伴う仕事，②通信教育などによる学習（習い事），③カラオケなどの余暇活動（趣味），④清掃などのボランティア活動，があげられる。

以上のように，引退後も自立した生活を送る，友だちをつくる，好奇心をもち続ける，といったことが大切であり，成人期に築いた豊かな人間関係，人間関係のネットワークは，次の高齢期の生活の充実をもたらす財産となるのである。ところで，高年齢者雇用安定法では，企業が定年を定める場合，60歳を下回ることができないとされている。しかし，年金（厚生年金）の受給年齢が65歳に引き上げられたこともあって，改正高年齢者雇用安定法（2006年4月1日施行）によると，事業主は65歳までの安定した雇用を確保するために，下記のいずれかの措置を講じなくてはならない（なお，それ以前は，2000年改正により65歳までの継続した雇用を促す努力義務規定であった）。

表 3-4　定年退職認知タイプ（岡本・山本，1985）

タイプ	退職の心理的影響	退職（生活）のかかわり方	おもな反応例 (SCT「定年退職は私にとって」)	N
A．積極的歓迎型	Positive	Active	・人生充実への第1歩である。 ・第2の人生の出発点である。	57
B．受動的歓迎型	Positive	Passive	・重荷をおろした感じがする。 ・気楽になった	43
C．中立型	Neutral	Neutral	・1つの区切りにすぎない。 ・当然のことである。	63
D．危機型	Negative	Active	・人生の終わり。 ・人生の墓場である。	29
E．あきらめ型	やや Negative	Passive	・やむを得ないことであった。 ・さけることはできない。	11
F．逃避型	Negative	Passive	・あえて考えないようにしている。 ・考えたくない。	5
G．アンビバレンツ型	Positive Negative	Active Passive	・つらくもあるし，楽しくもある。 ・さびしいが，やれやれという気持ちである。	12
			Total	220

1）継続雇用制度の導入（労使協定により，継続雇用制度の対象となる基準を定めることができる）
2）定年年齢の65歳への引き上げ
3）定年制の廃止

　基本的には1）の継続雇用制度の導入で対応する場合が多く，2）の定年年齢の65歳への引き上げや，3）の定年制度自体の廃止まで踏み込む企業は，一部の中小企業や零細企業を除き，非常に少ないのが現状である。
　また，2006年に電通が団塊世代である1947年，1948年生まれを対象に行なった調査（『2007年団塊世代退職市場攻略に向けた調査レポート「退職後のリアル・ライフⅡ」』）では，男性の77％が定年後も組織で働くことを望み，働くことを希望した者のうち，フルタイム希望者が47％，パート・アルバイト希望者が40％となっている。しかも，働くことを希望した者の75％は，定年前に働いていた企業を希望している。すなわち，上記1）について労使が一致した考えをもっているということであり，継続雇用制度が定着していくものと思われる。いずれにせよ，定年退職を否定的に捉えず，第二の人生の門出と考え，もう一度チャレンジしようという気持ちが大切である。

(2) 更年期障害

　更年期は，卵巣の機能が衰え始め，女性ホルモンの分泌が急激に減少する「閉経を迎える時期の前後5年くらいの期間」のことを指す。

　日本人女性の平均閉経年齢は50歳くらいといわれているので，更年期はだいたい45〜55歳くらいと考えることができる。

　エストロゲン（卵胞ホルモン）は女性ホルモンの1つで，脳から分泌される卵胞刺激ホルモンの刺激を受けて卵巣から分泌されるが，「妊娠を助けたり，体内のバランスを整える」という女性にとって重要な役割を果たしている。

　このように重要なはたらきをするエストロゲンであるが，図3-8のようにほとんどの女性は，更年期を迎えるころになると卵巣の機能が衰え，その結果，卵巣から分泌されているエストロゲンの量が急激に減少する。

　エストロゲンの分泌量が減ると，これを感知した脳は，盛んに卵胞刺激ホルモンを分泌し，卵巣からエストロゲンを分泌するように促す。しかし，卵巣にはその要求に応える力が残っていないため，エストロゲンの減少と卵胞刺激ホルモンの増加という「ホルモン分泌のバランスの乱れ」が起こってしまう。

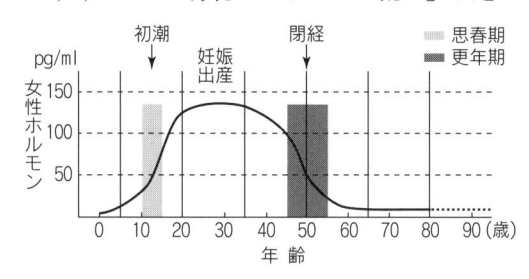

図3-8　女性ホルモンの働き：血液エストロゲン値（小山，1999）

　このように，更年期にはホルモン分泌のバランスが乱れてしまうため，それに伴い「顔や体が急にほてる」「急に大量の汗をかく」「イライラする」「不安になる」といった様々な症状が出てくるが，これが更年期障害である。

　更年期障害の症状は多岐にわたり，症状の出方，強さ，期間などにはかなりの個人差があるが，更年期の女性の60〜70％に何らかの症状が出ているといわれている。なお，症状がひどく，本格的に治療を行なわなければならない人は，更年期女性の20％くらいである。

　更年期障害の症状は，ホルモン分泌のバランスの乱れのほか，更年期の女性

が直面することになる「子どもの独立・結婚」や「親の介護」などの環境の変化，家庭や職場でのストレスなども加わり引き起こされる。

　以上のように，心理的要素が関係することが多いのであるが，その1つに荷降ろしうつ病というのがある。これは，長期間にわたる大きな仕事を終えた後になるうつ病のことである。

　通常，うつ病をはじめとする心の病は，何かしらのストレスが加わることによって発症しやすくなるが，荷降ろしうつ病はストレスがなくなることによってうつ病となる特殊なケースといえる。

　サラリーマンの場合には，仕事上の大きなプロジェクトが終わった後などに荷降ろしうつ病になりやすいが，主婦の場合には，子育てを終えたときに荷降ろしうつ病になることがある。

　子育ては20年前後続く，他に類をみない大仕事ともいえ，特に子育てからの解放による心理的な変化を「空の巣症候群（empty nest syndrome）」という。

　空の巣症候群は，内向的で人づき合いが苦手，外に出るよりも家にいるほうが好きで，子育てを生きがいとしている専業主婦に多くみられる。そのような人にとっては，子どもが成長するということは母親という役割を失う，一種の喪失体験となる。

　空の巣症候群になると，何ともいえない寂しさを感じ，虚無感，自信喪失，不安などの精神症状，肩こり，頭痛，吐き気，食欲不振，不眠などの身体症状が現われる。また，これらの症状から逃れるためにキッチン・ドリンカー，アルコール依存症となり，体をこわすケースもある。

　その予防と対策としては，まずは何も考えずにゆっくり休むのが，何よりの薬である。子どもはいずれ育っていくものと考え，趣味や習い事を通じて，子育て以外の生きがいを見つけるようにする。

　状態が悪いときには医療が必要で，薬が効果的なので心療内科やメンタルクリニックを受診する。

　地域の集まりには積極的に参加し，特に夫とのコミュニケーションを増やして，第二の人生を夫婦で楽しく過ごせるようにあらかじめ人生設計を立て，共通の趣味を見つけていくのもよいであろう。

(3) 熟年離婚

婚姻件数および婚姻率は，図3-9のように減少傾向にあるが，それとは反対に，離婚件数および離婚率は，図3-10のように増加傾向にある。

厚生労働省の人口動態統計2002年版によると，離婚件数は28万9,838組で，前年の28万5,911組より3,927組増加し，離婚率（人口千対）は2.30で，明治以来最高を記録した。

また，離婚率を離婚件数／婚姻件数でみると，1970年の離婚率は婚姻件数全体の約10％だったが，30年後の2000年には約32％に達しており，婚姻し

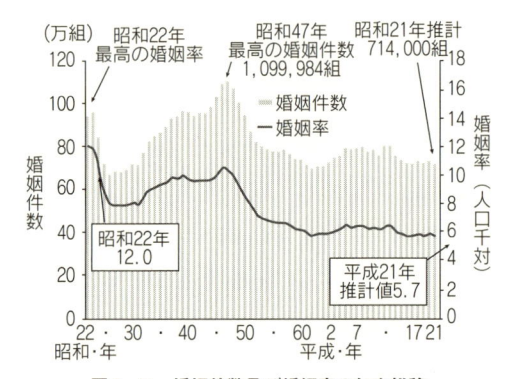

図3-9　婚姻件数及び婚姻率の年次推移
出典）厚生労働省　2010　「平成21年人口動態統計」

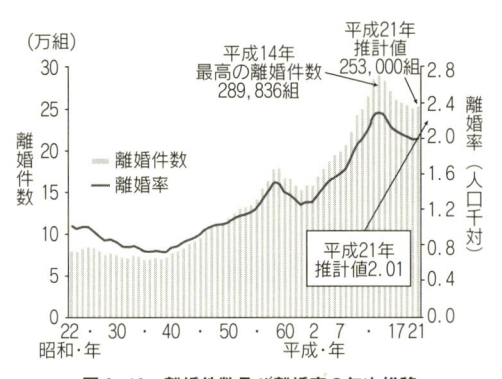

図3-10　離婚件数及び離婚率の年次推移
出典）厚生労働省　2010　「平成21年人口動態統計」

表 3-5　婚姻期間別の離婚件数の推移

婚姻期間	20～25年	25～30年	30～35年	35年以上
1975（昭和50）	4,050	1,894	566	300
1985（昭和60）	12,706	4,827	1,793	1,108
1995（平成7）	17,847	8,684	3,506	1,840
2005（平成17）	18,401	10,747	6,453	4,794
30年間の増加率	約4.5倍	約6.7倍	約11.4倍	約16.0倍

出典）厚生労働省　2006　「平成17年人口動態統計」

た夫婦の約1／3が離婚にいたっている。離婚率の増加は，離婚は悪といった従来の考えに縛られない若い世代とともに，子どもが成人に達し，夫が定年退職したことを契機に離婚をする熟年離婚の増加が影響している。熟年という言葉は日常的に使用されており，初めは老年の意，次いで中高年の意で用いられるようになったが，現在では50～60歳を中心とした層を想定している場合が多い。また，実年という言葉もあるが，熟年ほど普及していない。

　婚姻期間別の離婚件数と離婚増加率を示したのが表3-5であるが，特に婚姻期間が長い夫婦の離婚が大きく増えており，熟年離婚の増加が数字でも裏づけられている。定年前後が危機といえよう。

　熟年離婚の原因は男女に差がなく，夫が家庭を顧みない，妻を女性として扱わない，性格の不一致，夫に趣味がない，夫が妻に頼りすぎがあげられ，男性側に原因があるとしている。すなわち，女性は男性を責め，男性は自分を責めているということである。

　また，実際の夫婦関係（婚姻関係）は破綻しているが，表面上は夫婦関係を保っている，あるいは装っている状態のことを俗に「家庭内離婚」といい，これも多く存在するといわれている。このような夫婦の多くは，同じ家に住んでいても寝食をともにしないことはもちろんのこと，会話もほとんどない。

　家庭内離婚を選択する理由としては，夫婦間が冷え切っていて離婚したいが，経済的問題や子どものために別居することができないことや，近所や親族や会社に対する体裁といった世間体を気にすることがあげられる。

　したがって，前述したように夫の定年退職を契機に家庭内離婚から離婚へと踏み切ることが考えられる。

第3節　高齢期の問題と心理臨床

1．加齢による心身の発達変化

　加齢（aging）は成長期の終わりから死にいたるまでの過程を意味する言葉で，通常，加齢による身体的外観の老化や生理機能の衰退は，成人期の終わりごろから現れ，高齢期（65歳以上）にいたって顕著になる。

　したがって，高齢期は生活習慣病が様々な末期的な病気に発展しやすい時期である。例えば，血管の老化により動脈硬化が生じ高血圧になるが，高齢期には血管の老化がさらに進み，その上にストレス，過労などの因子が影響して脳卒中や心筋梗塞が発生する。

　次に，精神面の発達的変化をみると，まず，記憶能力については，高齢者では過去に覚えた古い記憶を想起することよりも，その場で覚えたものを即時的に想起すること（直接記憶）のほうが困難である。また，記銘力が衰退するため，一般に高齢者は新しいものごとを覚えることが苦手である。

　しかし，学習能力はある程度維持されており，それは記憶が学習能力を構成する要素であっても，それ以外の要因，例えば過去の学習経験，動機づけ，意欲，関心といった心理的要因が強く関与しているからである。

　ホーンとキャッテル（Horn & Cattell, 1967）は知能を「流動性知能」と「結晶性知能」とに区分したが，図3-11のように加齢につれて流動性知能は低下するのに比べて，結晶性知能は高齢期にいたるまでゆっくり上昇すると考えられる。

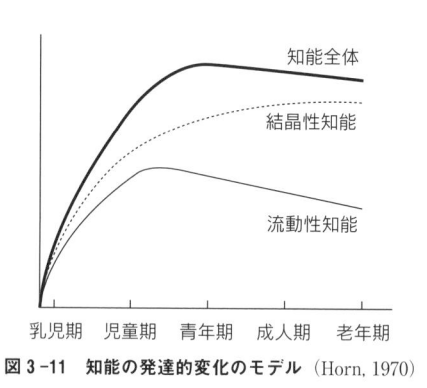

図3-11　知能の発達的変化のモデル（Horn, 1970）

流動性知能は図形の弁別や図形の構成のような非言語性知能検査によって測定され，学習経験の影響を受けにくいと考えられる能力であり，結晶性知能は語彙や社会的な知識などを中心とした主に言語性の能力であり，教育や学習の影響を強く受けるものである。

　以上のことは，精神機能が青年期を過ぎれば一律に衰退すると考えるのは適当でなく，個人差があることも考慮する必要があることを示している。

　ところで，高齢期は生涯発達の最後の段階であり，人間としての締めくくりをしなければならない時期である。エリクソン（Erikson, E. H.）はこの時期を「統合対絶望」と考え，心身の老化や社会的な面での喪失を受容し，これまでの人生を振り返り，1人の人間としての自分を統合する時期であるとしている。

　まず，高齢期は喪失の時代といわれ，心身の健康，経済的基盤，社会的役割，生きがい，といった4つの喪失を経験する。

　さらに，別れの時代でもあり，独立していく子どもとの別れ，友との別れ，配偶者との別れ，死という自分との別れを経験しなければならない。

　しかし，老化は避けられないものとしても，現在の生涯発達の考え方は，人には生涯を通して発達する可能性があるというものである。これは，図3-12で示されたマズロー（Maslow, 1962）の考えにも通じ，人間の最高の価値の追求である自己実現の欲求は，生涯にわたって高まっていくものである。

　このように人間としての完成を高齢期に置き，高齢期を充実したものにしていくとともに，来るべき死を迎える準備もしなければならないというのが高齢期の課題である。

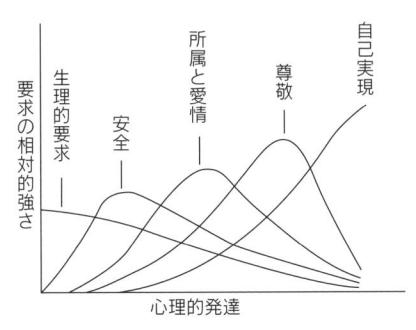

図3-12　欲求発達図（Maslow, 1962）

2．超高齢社会と認知症の問題

一般的に，高齢化率（65歳以上の人口が総人口に占める割合）によって以下のように分類される。

・高齢化社会（高齢化率　7〜14％）
・高齢社会　（　同　　14〜21％）
・超高齢社会（　同　　21％以上）

日本の国勢調査（総務省）の結果では，1970年調査（7.1％）で高齢化社会，1995年調査（14.5％）で高齢社会になり，人口推計の結果，2007年（21.5％）に超高齢社会となっている。これには，平均寿命の延伸による老齢人口の増加と出生率の低下による若年人口の減少が影響している。

①平均寿命の延伸による老齢人口の増加

1955年（男63.60歳，女67.75歳）と50年後の2005年（男78.53歳，女85.49歳）の平均寿命を比較すると，男性で約15年，女性で約18年，平均寿命が延びていることがわかる。

②出生率の低下による若年人口の減少

合計特殊出生率は，女性が出産可能な年齢を15歳から49歳までと規定し，それぞれの出生率を出し，足し合わせることで，人口構成のかたよりを排除し，1人の女性が一生に産む子どもの数の平均を求めたものである。

1950年代には3を割り，1975年には2を割り込み，2005年に最低の1.26になり，2009年は1.37で少し回復している。なお，人口増加と減少の分岐点は2.08である。

超高齢社会では，一人暮らしの高齢者の増加が問題となる。2010年国勢調査によると，高齢化率は23.1％（2,929万人）で，老人ホームなどの入居者を除く一人暮らしの高齢者は，前回2005年の387万人から71万人増えて458万人となっており，高齢者の男性の10人に1人，女性5人に1人が一人暮らしということになる。したがって，平均寿命が延びると元気な高齢者も多いが，病気になって家族の介護が必要になる人も増えているのが現状である。この中で，認知症（dementia）は介護度が高く，非常に深刻な問題となっている。

認知症は，成熟した脳が組織の損傷を受けて，病前にあった知能などの精神機能が慢性的持続的に低下する器質的な病気である。認知症の約90％は，脳

血管性認知症とアルツハイマー型認知症で占められている。

　脳実質の委縮によって生じる認知症で，現在のところ原因不明であるアルツハイマー型認知症の患者は，女性に比較的多くみられる。60〜70歳代で発病することが多いが，40〜50歳という早い時期に発病する例もある。このように比較的若いころから発病するタイプのものをアルツハイマー病として，アルツハイマー型認知症と区別することがある。

　アルツハイマー型認知症の中核症状は，記憶，特に記銘力の障害である。病気の初期のころには，物忘れや道に迷うなどの症状があり，家族が異常に気づくことが多いが，本人にはあまり病識がない点が特徴的である。

　記銘力障害の進行につれて，妄想が出現したり，人格が荒廃してくる。発病から4〜8年で寝たきりになって死亡する。

　高齢者人口の中の認知症の発生率は4〜6％とされており，認知症の高齢者は2015（平成27）年には250万人，2025（平成37）年には323万人に達すると推計されている（厚生労働省，2007，「厚生労働白書」）。

　認知症の治療は，一般的には困難なことと考えられており，認知症そのものを治療するような薬物はまだない。現在の認知症の治療は，薬物療法に加え，精神療法，作業療法，レクリエーション療法などから構成されている。散歩，遠足，将棋，音楽，合唱などがあり，患者の体力に応じて選択される。清潔習慣を身につけ，規則正しい生活ができるような生活指導も欠かせない。

　一人暮らしでは入院が必要であるが，介護者はたえず保護的・支持的態度で尊敬の念をもって患者に接し，患者の自尊心を傷つけないことが大切である。しかし，日常生活動作能力（activities of daily living：ADL）が低下し，危険行為，徘徊などの問題行動を示す認知症患者を在宅で介護する家族の心身の負担は相当重いものである。

　全国社会福祉協議会の調査によると，介護者の64％が極端な心身の疲労状態にあり，睡眠不足や将来への不安などの悩みを訴えているという。

　したがって，今後，認知症患者が急激に増加することが予想されることを考えれば，家族内における認知症患者の介護の役割分担の改善，および介護家族に対する周囲の支援体制の拡充が急務である。

3．高齢者虐待

　高齢者虐待（elder abuse）とは，家庭内や施設内での高齢者に対する虐待行為のことである。高齢者の基本的人権を侵害・蹂躙し，心身に深い傷を負わせるようなもので，以下のような種類がある。

1）身体的虐待：殴る，蹴る，つねるなどで，裂傷や打撲などの跡を残すことがある。本人の意に反して，手足を縛る身体的拘束もある。
2）性的虐待：性交を強要することで，高齢者夫婦間でのドメスティック・バイオレンスも含まれる。
3）心理的虐待：脅迫や侮辱などの言葉による暴力のことである。
4）ネグレクト（介護や世話の放棄）：食事，衣類，暖房など生活に必要なものを提供しない。病気を放置して必要な医療を受けさせない。生活上の不合理な制限，戸外への閉め出しを行なう。
5）経済的虐待：年金，預貯金，財産などを不正に使用されたり，売却されたりする。

　児童虐待に比べて高齢者虐待はメディアでの報道は少ないが，潜在的なケースはかなりの件数に上ると推定される。その背景には，子息および孫などの家族と同居している高齢者が多く，虐待する側もされる側も虐待の事実を隠す傾向が強いことが原因となっている。

　高齢者虐待は，ある特別な高齢者に起こるのではなく，すべての高齢者に起こる可能性がある。また，虐待が起こる場合の原因は，多くの複雑な要因が絡み合っているので，単純に決めつけることはできない。しかし，次のような場合は，より高いといわれている。

・虐待される高齢者に心身の障害がある場合（したがって，認知症の高齢者は虐待されやすい）
・虐待される高齢者が，家族や社会の中で孤立している場合
・（虐待する）介護者のストレスが高い場合
・虐待する人が，虐待される高齢者に生活を依存している場合
・虐待する人に精神的，性格的なかたよりがある場合

　高齢者虐待を防止するために制定されたのが，いわゆる高齢者虐待防止法である。正式名は「高齢者の虐待の防止，高齢者の養護者に対する支援等に関す

る法律」で,高齢者の虐待の防止に関する国の責務,虐待を受けた高齢者の保護措置,養護者の高齢者虐待防止のための支援措置を定めた法律であり,2006年4月1日より施行された。

2000年に法改正された成年後見人制度により,高齢者の法的保護が図られるようになり,高齢者虐待防止法により,虐待の「おそれがある」と思われる段階で,地域包括支援センターへ通報できることが明示され,早期の発見と対処が図られている。

私たちは,愛し愛され,誰かに必要とされ,あるいは誰かに頼って生きている。私たちを取り巻く人間関係(ソーシャル・ネットワーク)が個人の幸せにとって重要である。

カーンとアントヌッチ(Kahn & Antonucci, 1980)は,図3-13のような社会的コンボイ(護衛艦)という概念を使って説明している。この図は,母艦が多数の護衛艦に守られているように,個人が複数の人々に支えられているということを表わしている。

認知症をめぐる諸問題でも述べたように,家族だけにかたよらない多様な愛情のネットワークを広げることが必要である。

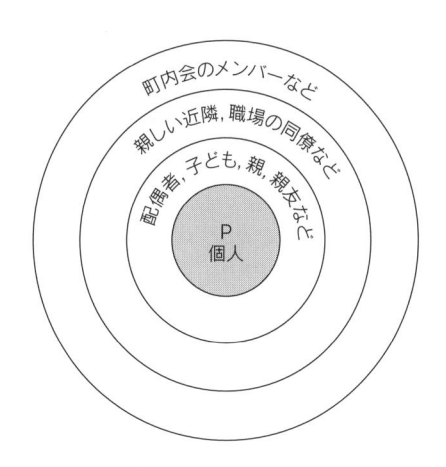

図3-13 コンボイの図式 (Kahn & Antonucci, 1980)

■引用・参考文献■

Dowling, C. (1981). *The Cinderella complex*. Ellen Levine Literary Agency. 柳瀬尚紀（訳）（1986）．シンデレラ・コンプレックス　三笠書房
Erikson, E. H. (1959). *Identity and the life cycle*. New York：International Universities Press. 小此木啓吾（編訳）（1973）．自我同一性――アイデンティティとライフ・サイクル――　誠信書房
Friedman, M., & Rosenman, R. H. (1974). *TypeA Behavior and Your Heart*. New York：Alfred A. Knopf. 新里里春（訳）（1993）．タイプA――性格と心臓病　創元社
郷久鉞二（編）（1989）．マタニティ・ブルー　同朋舎出版
平山　諭・鈴木隆男（編）（1993）．発達心理学の基礎Ⅰ　ライフサイクル　ミネルヴァ書房
Hirigoyen, M-F. (1998). *Le harcèlement moral: la violence perverse au quotidien*. Torino：Einaudi. 高野　優（訳）（2006）．モラル・ハラスメント――人を傷つけずにはいられない――　紀伊國屋書店
Horn, J. L. (1970). Organization of data on life-span development of human abilities. In L. G. Goulet., & P. B. Baltes,（Eds.）, *Life-span developmental psychology: Research and theory*. Academic Press. Pp. 424-467.
Horn, J. L. & Cattell, R. B. (1967). Age difference in fluid and crystallized intelligence. *Acta Psychology*, 16, 107-129.
Kahn, R. L. & Antonucci, T. C. (1980). Convoys over the life course: Attachment, role and social support. In P. B. Baltes and O. G. Brim（Eds.）, *Life span development and behavior, Vol. 3*. Academic Press. 柴田　博（編）（1993）．老年学入門　川島書店　p. 188.
過労死・自死相談センター（2006）．過労死労災認定件数推移〈http://karoushi.jp/nintei.html〉（2011年10月25日アクセス）
笠原　嘉（1977）．青年期　中央公論社
笠原　嘉（1984）．アパシー・シンドローム――高学歴社会の青年心理――　岩波書店
川端啓之・杉野欽吾・後藤晶子・余部千津子・萱村俊哉（1995）．ライフサイクルからみた発達臨床心理学　ナカニシヤ出版
警察庁（2009）．警察における暴力相談等の対応件数
Kiley, D. (1983). *The Peter Pan syndrome*. Howard Morhaim Literary Agency. 小此木啓吾（訳）（1984）．ピーターパン・シンドローム　祥伝社
厚生労働省（2003）．飲酒習慣者の年次推移　平成14年国民栄養調査
厚生労働省（2006）．婚姻期間別の離婚件数の推移　平成17年人口動態統計
厚生労働省（2007）．認知症高齢者数の現状と将来推計　平成19年版厚生労働白書
厚生労働省（2009）．平成20年患者調査　厚生労働省大臣官房統計情報部
厚生労働省（2003）．ひきこもり対応ガイドライン
厚生労働省（2010）．ひきこもりの評価・支援に関するガイドライン
厚生労働省（2010）．自殺死亡数の年次推移　平成21年人口動態統計
厚生労働省（2010）．婚姻件数及び婚姻率の年次推移，離婚件数及び離婚率の年次推移　平成21年人口動態統計
厚生労働省（2010）．労働経済の分析　平成22年版労働経済白書

厚生労働省特定疾患・神経性食欲不振症調査研究班（1990）．神経性食欲不振症の診断基準
小山崇夫（1999）．女性ホルモンと骨密度　西沢良記・白木正孝・江澤郁子・広田孝子（編）カルシウム――その基礎・臨床・栄養――　全国牛乳普及協会
Levinson, D. J. (1978). *The seasons of a man's life.* New York：Knopf.　南　博（訳）（1980）．人生の四季――中年をいかに生きるか――　講談社
前田　聰（1985）．虚血性心疾患患者の行動パターン――簡易質問紙法による検討――　心身医学，**25**，297-306.
Maslow, A. H. (1962). *Toward a psychology of being.* Princeton, N.J.：Van Nostrand.　上田吉一（訳）（1964）．完全なる人間　誠信書房
文部科学省（2009）．平成 20 年度児童生徒の問題行動等生徒指導上の諸問題に関する調査
内閣府（2009）．配偶者暴力相談支援センターにおける相談件数
内閣府（2010）．少年による家庭内暴力の対象別件数の推移　平成 22 年版子ども・若者白書
中山　茂・市川隆一郎・藤野信行（1991）．老年心理学　診断と治療社
落合幸子（1984）．人生の転換期の心理Ⅳ――女性の中のシンデレラ・コンプレックス――　常磐学園大学研究紀要教育学部，**5**，117-125.
落合良行・伊藤裕子・齊藤誠一（2002）．青年の心理学　改訂版　有斐閣
岡本祐子・山本多喜司（1985）．定年退職期の自我同一性に関する研究　教育心理学研究，**33**(3)．
小此木啓吾（1978）．モラトリアム人間の時代　中央公論新社
Pitt, B. (1973). Maternity Blues. *British Journal of Psychology,* **122**, 431-433.
斎藤　環（1998）．社会的ひきこもり――終わらない思春期――　PHP 研究所
内田千代子（2009）．大学における休・退学，留年学生に関する調査　第 29 報　第 30 回全国メンタルヘルス研究会

第4章 心の理解と支援のための心理臨床

　第4章では，臨床心理学が，心の理解と支援のために，どのような心理技法を用いて具体的に援助を行なっていくのかについて紹介する。

　それぞれの心理技法が，どのような発想によって心の理解に迫り，支援を行なおうとするのか，まずは基本的な理念を理解してほしい。

　心の理解のために工夫された心理技法の結果は，あくまで1枚のスナップ写真である。1回の心理テストで，その人の心の全体像を100％明らかにすることはできない。しかし，ある場面でのある一断片にすぎなくとも，その資料に基づいて，その人の心のありように近づこうとアプローチすることは有効であるし，相手を理解しようとする姿勢をもってかかわることが治療的な支援となる。

　また支援のための心理技法も，ある疾患に適した唯一の治療技法が存在するというものではないことを理解してほしい。心理臨床とは，生身の人と人とのかかわりの中で，相手に変化をもたらす意味ある体験を提供しようという試みであり，様々な技法も，クライエントの反応をみながら，様々なボールを投げてみる試行錯誤の中で生み出され，工夫されてきたものなのである。

　第3節では，様々な心理臨床の現場で，実際にどのように臨床心理学の技術が活用され，支援が行なわれているのかについて，それぞれの職域で活動中の臨床心理士によって報告される。

第1節　子どもの心の理解と支援のための心理技法

1．子どもの心の理解のための心理技法
(1) ウェクスラー式知能検査（WISC）
　子どもの抱える問題の背景を正しく理解するためには，知的発達の水準を見立てることが重要である。知能検査は，個人間の差をみるために利用されることが多かったため，一般には知能検査に対する批判や抵抗感も根強くある。しかし近年では，様々な知的発達のかたよりが，個人のメンタルヘルスに大きな影響を与えることが明らかになり，得意・不得意分野の個人内差を知り，適応援助に役立つ資料を得るツールとして，診断式知能検査が活用されるようになっている。ウェクスラー式知能検査はその代表的なものである。

①歴史

　1905年にビネー（Binet, A.）らが，知的障害をもつ児童の判別や診断の必要性から知能検査を考案した。これは，検査問題が困難度に基づいて年齢段階で分けられており，その年齢に応じた知能をもっているかを精神年齢（mental age）で示すものであった。ターマン（Terman, L. M.）はこれを改定し，生活年齢（calendar age）に対する精神年齢の百分比知能指数（intelligence quotient：IQ）を導入した。生活年齢が異なる人々の全般的な知的発達の水準が比較できるようになり，発達的な予測や適切な教育目標を定めることが可能となった。

　ウェクスラー（Wechsler, D.）は，知能を「目的的に行動し，合理的に思考し，能率的にその環境を処理しうる総合的・全体的能力」と定義し，相互に区分けできる諸能力から構成されると考え，その総和または関連の特徴によって，個人の知的能力の水準や全体的知的行動の特徴を知ることができると考え，1939年にウェクスラー式知能検査を考案した。1953年に児童用ウェクスラー法（Wechsler intelligence scale for chiidren：WISC）が日本版改訂版として使用されて以来，わが国でも広く使用されている。対象年齢は5〜16歳11か月である。他に成人用（Wechsler adult intelligence scale：WAIS），幼児用（Wechsler preschool and primary scale of intelligence：WPPSI）もある。

②特徴

　13の下位検査があり，言語性検査（言葉での質問に言葉で答える課題）と動作性検査（カードや積み木など具体的なものを操作して答える非言語的な課題）に分けられている。全検査IQ（FIQ），言語性IQ（VIQ），動作性IQ（PIQ）を得ることができる。WISC-Ⅲ（第3版）では，知能のより詳細な分析的解釈を可能にする群指数（言語理解：VC，知覚統合：PO，注意記憶：FD，処理速度：PS）が測定できるようになった。これらの結果のプロフィールを分析することにより，子どもの知的発達の特徴や学習スタイルがわかる。「言語型―操作型」「聴覚型―視覚型」の把握など，知能の発達状態の細やかなアセスメントが可能であり，認知や情報処理方式の特徴に合った支援を提供するための資料となる。

③その他の知能・発達検査

　田中ビネー式知能検査は，結果が1つのIQで表示され，全体的な知能を表示する一般的知能検査の代表的なものである。低年齢に実施することが可能で，精神年齢が算出でき，低いIQを算出できる。発達検査は知能だけでなく，社会性，運動面などのいくつかの観点から，その時点での発達の度合い（発達指数，developmental quotient：DQ）を調べようとするもので，言葉の獲得以前から実施できることが特徴である。養育者に，乳幼児の日常場面の観察に基づいて，質問項目に回答してもらう津守式乳幼児精神発達診断法，出生直後の乳児から検査が可能で，遅れの大きい重度の知的障害児にも施行でき，領域別の細やかな発達の様相を捉えることができるK式発達検査などがある。

④検査結果を利用する場合の留意点

　子どもが検査にどのような構えで向かうかは，検査結果に大きな影響を与える。検査の数値はあくまで一度の検査でのパフォーマンスであり，必ず誤差を含むものであるので絶対視してはならない。知能・発達検査は，非常に有用なツールであるが，子ども自身が強い拒否感を示す場合や，保護者との間で，効果的な教育のための検査施行であるという目的が共有できていない場合は，ただちに施行すべきではない。それらの条件を十分に整えたうえで施行し，子どもへの援助を効果的に行なうために役立つ結果を，子どもや保護者にわかりやすくフィードバックするところまで，責任をもって行なう必要がある。

(2) 文章完成法

　文章完成法（sentence completion test：SCT）とは，「私が好きなのは…」「私の家族は……です」など，一部が抜けた未完成な文章のリストを示し，抜けた部分に自由に記入させることで，それぞれのテーマについて，被験者のもっている問題意識を尋ねる心理検査である。被験者に関する情報を，効率的に豊富に得られるように工夫されており，知能や性格，興味や生活史といった，パーソナリティの全体的把握を行なうことができる。

　SCTをパーソナリティの査定の道具として用いたのは，アメリカのペイン（Payne, A. F.），テンドラー（Tendler, A. D.）らが最初である。軍隊の選抜において予備面接的な位置づけで使われ，第二次世界大戦に関連して，盛んに使用されるようになった。

①特徴

　ロールシャッハ・テストやTATなどの他の投映法に比べ，実施が容易であり，集団施行することも可能である。検査者が知りたいことを刺激文として取り入れることができ，被験者のパーソナリティや能力，環境，対人関係などを具体的に把握できる。被験者の生々しい言葉で記述されるので，その表現や筆跡などを通じ，生の印象を得ることができる。病院臨床や相談機関，司法関係の施設などで，テスト・バッテリーの1つとして使用されることが多い。

② SCTのいろいろ

■精研式SCT　わが国でよく使われている精研式SCTは，1960年に，佐野勝男・槇田仁によって刊行された。成人用，中学生用，小学生用の3種類がある。刺激文は，一人称の短文式で，60項目あり，パーソナリティの全体像を広くカバーするように工夫されている。施行時間は，早い人で30分，遅い人で90分程度である。施行は個人でも集団でも可能である。パーソナリティの把握にあたっては，得点化や数量的分析よりも，刺激文に触発されて記された反応文，被検査者の言葉そのものを重視する。反応文を相互に重層的に重ね合わせながら共感的に了解していくことによって，パーソナリティの全体像を柔らかく再現し，記述する「内容分析・現象学的把握」という手法を用いる。ある程度の客観性を保証するために，8つの「符号評価」も取り入れている。

■構成的文章完成法（K-SCT）　フォーラー（Forer, B. R.）の structured sentence completion test を出発点として，片口・早川（1989）が発展させたものである。反応文を，記号化によって分類するカテゴリーが体系化されている点が特徴である。

■20答法（twenty statement test：TST）　クーン（Kuhn, M. H.）とマクパートランド（McPartland, T. S.）が，社会心理学の立場から，自己に対する態度の測定を目的として開発した，SCT を応用したテストである。「私は誰だろうか」という質問に，20通りの異なる回答をしてもらう。既述の回答と違うものを要求し，それがくり返されることにより，より内面的な反応を生み出しやすくなる。星野（1989）によるカテゴリー分類（表4-1）のように，その被験者の職業や家族，自己イメージや関心，欲求など多彩な情報が得られ，被験者自身の自己内省や洞察の機会にもなる点が，この検査の特徴である。心理学の授業などで，自己について考える手がかりとして使うのに向いている。

表4-1　20答法の記述内容の分類（星野，1989を改編）

I	社会的な記述項目 1性，2学生・職業，3年齢，4子ども・おとな，5家族関係，6住居・出身地，7グループ，8宗教，9地位・階級，10民俗・人種，11時代性，12人間，13人間の機能，14地球人，15動物・生物，16その他
II	自己についての記述項目 1単位，2氏名，3身体の叙述，4技能・知能，5特性・態度，6なりたい性格，7その他（日常経験を含む）
III	外的事象への関心・欲求・希望についての記述項目 1無為・休息，2飲食・喫煙，3服飾・化粧，4談話・討論，5交友・親和，6異性交友，7家族関係，8養育・援助，9旅行冒険，10遊び一般，11見物鑑賞，12余暇活動，13勉学・仕事，14獲得・達成，15金銭，16大学・学校，17人間・子ども，18動物・植物，19抽象，20事物，21神・宗教，22その他

③限界

　書かれた内容を，字義通りに，心からの本音と受け取ってよいかどうかは検討が必要である。面接であれば，被験者の語り口や表情や身振りなどから，コンプレックスに触れないように巧妙に回避された内容とみるべきなのか，反動形成的に記述されたものなのか等を判断するが，SCT では，そのような材料が不足している。他のテストや，さらなる面接等と組み合わせることで，反応内容の水準を慎重に見極める必要がある。

(3) 風景構成法

　風景構成法は，精神科医の中井久夫が，統合失調症（精神分裂病）者に対して，安心して行なえる描画法として1970年に発表したものである。1969年の河合隼雄の箱庭療法についての講演に刺激されて，画用紙上で箱庭を置いてもらおうというところから考案したという。

　当初は，箱庭療法導入の適否を検討する予備テストとして使われることが多かったが，独自の診断的および治療的価値があることから，幅広い対象に対して使われるようになり，病院臨床や心理教育相談室などの臨床現場においてロールシャッハ法，バウムテストなどとともに使用頻度の高い技法として定着している。6歳以上の子どもから老人までと適用範囲も広く，安全性も高い心理テストであり，治療技法でもある。

　創始者の中井は，「本法が今日まで生き延びたのには，「心象風景」という言葉があるように，風景に心境を託する伝統のあるこの島の文化のおかげであろう」と述べている。

①施行法

■道具　A4版画用紙，黒のサインペン，24色程度のクレヨン（クレパス）。サインペンを使用する理由は，彩色によって見えなくなった素描線が，裏から認めることができることと，消しゴムを使えないことからである。

■適用　治療的に用いる場合は，毎回使用するのではなく，治療の節目に行なうことがよいとされる。適用年齢は，おおむね6歳以上である。それ以前では，風景ないし景色という概念が把握されにくい。

■手続き　「今から私のいうものを1つずつ描き込んで，全体を1つの風景にしてください」と言いつつ，サインペンをとって画用紙に枠をつけ，「気が向かなかったら言ってください」と教示し，サインペンを手渡す。

　10個の「要素」を，以下の順序で，検査者が1つ唱える度に患者は画用紙に描き込み，描き終わったところで検査者が次を唱える。10個の要素とその順序は「川，山，田，道，家，木，人，花，動物，石あるいは岩」。その後に「何でもよいから足りないと思うもの，追加したいと思うものを描き加えて，景色（風景）として仕上げてください」と言う。完成したら「できましたね」と絵を一緒に眺め，それから，「では色を塗って仕上げてください」と告げる。

色塗りが終了したら「いよいよできましたね」と，改めて一緒に眺める。「疲れました？」など否定面から接近指示してねぎらう。その後，被験者の耐性に応じて，「季節，時刻，川の流れの方向や深さ，山の高さ，遠さ，家の住人の数，人と家との関係，木の高さ，花の種類」などを聞く。

②特徴

■心理テストとしての意味（診断的用法）　風景構成法において，風景を構成するには，「全体を文脈的に睨み合わせつつまとめてゆく」力が求められる。この力は，統合失調症の発病過程において，一挙に失われ，回復過程において急速に再びできるようになることが知られている。そのため，構成の度合いの読み取りが，統合失調症患者の被検者の回復，および憎悪の指標として利用されている（松井，1992）。また，風景構成法の構成の度合いは，子どもの自我が次第に発達し成熟していくプロセスとも密接に関連している。心の中で風景の表象はできても，まったく描画として構成できなかった段階から，除々に全体の構成が可能な段階へと向かっていく。風景全体の構成のパターンから，その子どもの自我発達の段階を読み取ることができる。

■心理療法としての意味（治療的用法）　自らが描いて風景を構成していく過程の中で，被検者は，自分の内面を自然に構成し直していくことになる。風景構成法を治療法として積極的に用いている角野（2004）は，心の中を整理して，まとめ直す作業は，被検者の中にある自然治癒力を引き出す効果があると述べている。

　さらに角野は，治療の中において用いると，風景構成法が治療者の支えとなり，治療を効果的に進めやすくなると述べている。風景構成法を施行することで，治療者は自然に，クライエントが描いている過程を，そばでじっと見守ることができる。描画は，治療者・クライエント，そしてその間で生み出された第三のもの，中間的な存在である。描画が完成されたあと，クライエントと治療者は並んでその第三のもの（描画）を眺め，クライエントの連想を話してもらったり，お互いの感想を言い合うことが可能になる。これはクライエントが自分の今の状態について，少し距離を置いて眺めることを可能にするし，治療者にとっても治療の中で生じていることを新たな目で見直す契機となる。なかなか状態に変化のみられないクライエントの治療では，風景構成法にみられる

変化が面接場面に「すこやかな意外性」をもたらし，慢性治療者となる危険性を回避することができるし，被検者の健康な部分に目を向けやすくなるという。

③解釈

風景構成法における各項目にはいずれも象徴的な意味があり，またそれらはいずれも「魂のレベルが関係するような内容」（河合，1984）である。それぞれの象徴的意味は，象徴事典をひもとけば知ることができる。各項目が象徴する内容については，まとまった解説もある（山中，1984）。より実践的には，個々の作品をじっくり眺めることから始めるのが大切である。

④子どもの風景構成法

大人は，自分が子どもだったころを忘れて，子どもを小さな大人のように扱ってしまいがちである。しかし，発達途上にある子どもは，大人とは違った目で世界をみている。子どもの体験世界，時間感覚，空間感覚，因果関係の理解などは，大人とはかなり異なっている。子どもに適切な心理的支援を行なおうとする場合は，子どもの体験している感覚にできるだけ寄り沿おうとする姿勢が重要である。

風景構成法の構成の度合いは，描画技術の訓練等の影響を強く受けることも指摘されており，直接的に自我発達の水準を映し出すものではないが，子どもの風景構成法を構成の度合いという視点からみることは，その子どもが世界をどう体験しているか，自分をどうみているかの一端を垣間見ることができて，非常に有益なものである。構成の崩れを，発達の遅れや病的な指標として取り上げるよりも，その子どもの世界の体験の仕方の一側面として理解したほうが有益である。また，描かれた項目内容を象徴的に解釈することによっても，その子どもが動物といわれてどのような動物をイメージしたのか，その子どもにとって家とはどのような存在なのかなど，豊かな情報を提供してくれる。

⑤構成型と自我発達

風景構成法の構成の度合いは，子どもの自我が次第に発達し成熟していくプロセスと密接に関連している。立体的に統合され，成熟した型の風景構成が可能になるためには，それに相当する自我発達の成熟が前提となっている。

高石（1996）は，子どもの自我発達に関する実証的研究の中で風景構成法を施行し，風景全体の構成パターンから7つの構成型に分類している。

構成型Ⅰは，羅列型と名づけられている。「川」と言われれば川を，「山」と言われれば「山」を，その都度バラバラに描いてしまい，全体を構成できない段階である。高石は，羅列型の例として，ほぼ提示順序どおりに個々の要素をていねいに描き，「川」も「道」も，両側の切れた，パズルの1ピースを取り出したような形に描いた，小学校1年女子の風景構成法を紹介している。彼女が「川」と言われて思い浮かべたものは，自分がそのかたわらに佇んだ目の前を流れる水であり，どこかへ続いていくものという意識はない。それぞれの項目はバラバラに描かれ，全体としては構成されていない。彼女は全体を見通す「私」の視点がまだない段階にいるといえる。それが構成型Ⅱになると，「道の脇に家が建っていてその横に人がいる」というように，各項目が1つの風景として部分的にまとまり始める。自分の身近な領域は，少し見渡すことができるようになってくる。

　そして，大きな変わり目が，構成型ⅣとⅤの間にある。高石が紹介している小学校3年生男子の描いた構成型Ⅴの風景構成法では，川を境に，左は正面の視点，右は真上の視点からおおよその統合がなされ，家は上空から見下ろした視点から立体的に描かれている。描画技術の限界はあるものの，彼が全体を見通す視点をもち始め，全体を意識的に統合しようとし始めていることは明らかである。高石はこの変化を，「自我の対象的把握」が可能になったことを示すものとして捉えている。視点の向きが正面から真上に変化するということは，視点を上空に飛ばし，空の高みから風景全体を一望のもとに捉えようとする試みである。彼の視野は一気に広がり，世界に対する認識は今大きく変化しつつある。「自分」はこの世界の中のたった1人の人間なのだと，自分を対象化して捉えることで，具体的思考の世界から抽象的思考の世界に参入していくのである。

　このように，風景構成法から，子どもがどんな視点から，どれくらいの距離で，どのように風景を捉えているかを読み取ることができるし，それは同時に，どんな視点から，どれくらいの距離で，どのように自分を捉えているかを読み取ることに等しい。すなわち，風景構成法の構成の具合から，その子どもがまわりの世界をどのように認識しているのか，そして「自分」をどのような距離からみているのか，子どもの体験世界のありようを知ることができるのである。

2．子どもの支援のための心理技法
(1) 遊戯療法
　遊戯療法は，遊びを媒介として行なわれる，子どもに対して用いる心理療法である。子どもにとって遊びは極めて重要な，しかも自然な活動である。遊びは子どもの心の内的なはたらきやありようと深く結びついている。
①基本設定
　プレイルームとよばれる専用の治療室で行なわれる。子どもとセラピストが第三者の介入を受けることなく，安心してかかわりあえる，守られた空間であることが大切である。子どもの年齢や性別，遊びの内容を念頭において，それにふさわしい遊具・玩具を用意する。
②基本姿勢
　来談者中心療法に基づいて遊戯療法を実践したアクスライン（Axline, V. M.）がまとめた遊戯療法の8原則は，遊戯療法の基本姿勢として広く受け入れられている。

- 子どもとの間にできるだけ早くラポール（温かく親密な関係）をつくる。
- 子どもがどのような状態にあっても，子どもをあるがままに受容する。
- 子どもが自分の気持ちを自由に表現できるような，おおらかな雰囲気をつくり出す。
- 子どもの感情を敏感に察知し，察知したことを適切な形で伝え返して，子どもの洞察を促す。
- 子どもが自己治癒力をもっていることを信頼し，問題の解決を子どもの主体性に委ねる。
- 子どもに指示を与えず，子どもがリードするのに従っていく。
- 治療は，ゆっくり進行するプロセスであることを認識している。
- 治療の場があまりに現実から遊離することのないように，また子どもがセラピストとの関係においてもつべき責任を自覚できるように，必要な制限を設ける。

③治療メカニズム
　弘中（2002）は，遊戯療法の治療メカニズムとして，4側面から記述している。

■一般的な治療要因　心理治療にかかることは，親が子どもの発したサインをキャッチし，子どもの問題を何とか解決しようと取り組み始めたことを意味する。子どもはそれを敏感に察知する。

■認められ，大切にされる体験の場としての遊び　遊戯治療の中では，子どもはセラピストとのかかわりにおいて，本質的によい人間関係を体験する。自分が認められ大切にされる体験，自分が本質的に守られ尊重される体験は，それ自体，治療的である。遊戯治療の場は，第三者や日常的な現実の影響から守られた場であるため，日常世界におけるよりもはるかに容易に，よい人間関係を子どもに提供することが可能である。

■表現としての遊び　子どもは，自分の内的な感情や体験を言葉によって相手に伝えることが困難である。遊びは，子どもの内的世界を最もよく表現する優れた媒体である。遊びは，イメージ・レベルの象徴的表現を豊富に含んでいる。言葉にはとても言い尽くせないような深くて複雑な思いを，遊びの象徴的表現は適切に表わすことができる。セラピストは，それを手がかりとして子どもの内的世界で起こっている状況を推測し，理解することができる。

■体験としての遊び　遊びの表現に伴って，子どもは生き生きと'何か'を体験している。子どもに決定的な影響をもたらすのはこの「体験すること」である。

④留意点

　遊戯療法は，子どもが遊びさえすれば問題が解決するとか，子どもを楽しく遊ばせなければならないなどと誤解されることが多い。しかし，遊戯療法においては，楽しいとはとてもいえないような，沈痛な思いや怒りの衝動に満ちた活動が行なわれることも少なくない。

　子どもは，天真爛漫な存在にみられがちであるが，その無力さにより，絶対的優位に立つ大人から一方的に否定されたり，気持ちをまったく認めてもらえなかったり等，理不尽な思いを重ねていることも多い。しかし，そういった否定的な感情は，周囲の環境によって受け止めてもらえないばかりか，表出を禁じられたり，認められない場合も多いため，行き場のない憤りを抱えて症状化していることも多い。遊戯療法の場は，このような否定的な感情を表出することが認められていて，セラピストに守られながら，子どもが自らの中に荒れ狂う否定的感情と，安全に向き合うことのできる場である必要がある。

(2) 箱庭療法

　箱庭療法とは，治療者に見守られる中で，クライエントがミニチュア玩具などを用いて，砂の入った箱の中にイメージを表現していく心理療法の一形態である。1929年にイギリスの小児科医ローエンフェルド（Lowenfeld, M.）が，砂の入った箱とミニチュア玩具を使って，子どもに自由に表現させる治療技法を創案，世界技法（the world technique）と名づけた。この技法の診断性に注目したアメリカのビューラー（Buhler, C.）は，使用する玩具の種類を一定にし，診断の指標を設けて標準化に努め，世界テスト（world test）をつくったが，あまり定着しなかった。スイスのカルフ（Kalff, D. M.）が，ユングの分析心理学の考え方に基づいて治療法として大きく発展させ，成人へも適用されるようになった。カルフはこの治療法を「砂遊び（sandspiel）」とよんだ。

　カルフは，クライエントは，治療者によって守られた「自由にして保護された空間」の中で，自己治癒力が活性化し，イメージが展開して治療が進むと考え，クライエントとセラピストの関係性を重視した。そのような関係を「母子一体性」とよび，母親が守り愛情を注ぐ関係の中で，赤ちゃんが安心して自己を芽ばえさせていくような関係であるとした。河合隼雄が1965年に「箱庭療法」として日本に紹介して以来，自らの心境を言語化せずに，風景や庭，生け花などに託して表現する，審美的な表現形式が日本人の心性に非常にマッチし，日本において広く受け入れられ，現在にいたるまで広く用いられている。

①手続き

■用具　砂箱：57cm×72cm×7cmの箱。内側は青く塗ってある。砂を箱の深さの半分から3分の2程度入れる。玩具：特に定めはないが，できるだけ多種多様なものがあるとよい。人間，動物，植物，建物，乗り物，家具，食べ物，宗教的なもの，橋，柵，レール，交通標識，石，貝殻，ビー玉など。

■導入　治療者との間に信頼関係が成立し，問題の水準も理解されたうえで，何らかの表現媒体があることが有効であると考えた場合に勧める。言語的心理療法や遊戯療法を行なっていく過程で，適宜取り入れる。

■教示　「棚にある玩具などを使ってここ（砂箱）に何かつくってみませんか」

■治療者　受容的な態度で接し，箱庭表現に干渉するようなことは控え，箱庭づくりの過程を，ともに味わうような態度でかたわらで見守る。完成したら，

作品について簡単に質問し，作品に関心を向け，クライエントと一緒に味わう。

②治療メカニズム

　ふだんは抑圧している問題に取り組むことは，クライエントにとって恐ろしいことである。「この人が横にいてくれるなら，以前から気にかかっていたことを，表現してみても大丈夫なのでは」という気持ちになってもらえるかどうかが問われる。治療者に見守られ，自由で保護された空間を感じることができたとき，うまく言葉では語ることのできない何かが現われてくる。深層から湧きあがってくる内的なイメージを表現する体験を重ねることで，自ら気づき変化していくことができる。

　また，砂に触れることは治療に必要な適度の退行を起こすのに役立つ。砂に触れたときの感触自体が，人の内面の深いところにはたらきかけ，退行を誘う。ただし，砂との接触に強い抵抗が生じる場合もある。統合失調症圏のクライエントにとっては，砂のサラサラした感触が崩壊感を招きやすく危険な場合もある。加えて，箱庭の表現は枠内で行なわれる。自由と同時に適切な制限が加えられていることは，内的なものを深く掘り下げた表現をさせることに役立つ。遊戯療法よりも強い衝動的行為，攻撃的感情を安全に表現することができる。

　さらに，箱庭療法では，イメージを箱の中に作品としておさめばならないので，イメージに「一応のおさまり」をつけて表現しなければならない。制作者は「これではおさまりがつかない」などと考えて，適当にアイデアを変更したりしていく。その間に「おさまりをつける」という治癒へのはたらきが動き出す。このため，箱庭療法においては，ただつくっているだけで治る，ということが生じやすい。

③解釈

　セラピストはイメージの解釈に基づいてクラインエントの体験世界を理解し，受容する。空間象徴理論，拡充法，継続的にみることなどによって，理解が深まる。よくみられるテーマとしては，川を渡る，分断された領域の統合，マンダラなどがある。しかしその理解を言語的にクライエントに伝えることには慎重になるべきである。特に子どもの場合は，1つの方向性をつくってしまい，自由に自分のイマジネーションに従って，遊べなくなってしまうので伝えないほうがよい。

(3) 親面接

　親面接とは，子どもの問題に困って相談に訪れた親に提供される，心理療法面接の一形態である。父親や両親そろっての来談になることもあるが，子どもの生活にいちばん近いところで対応を迫られている母親が面接の対象となる場合が多いため，母親面接ともよばれる。

　子どもは1人では生きていけず，養育や保護の手が差し伸べられねばならない存在であり，親子関係や家族関係，周囲の人間関係の経験が，子どもの心の発達や問題のあり方に大きく影響する。子どもの問題背景の理解と養育環境の改善のためには，主たる養育者の協力が欠かせない。そのため，子どもに対する治療に先立って，または並行して，主たる養育者から家庭での子どもの様子を聞き取り，子どもの状態の理解と，よりよい対応について話し合う面接の場を設けることが一般的である。

　遊戯療法などの子どもの治療と，親の面接を並行して行なう親子（母子）並行面接の形をとることが多く，原則として，子どもの治療者とは別の治療者が担当する。子どもが来談しない場合，親1人の面接となることもある。

①様々なアプローチ

　親面接の治療目的，アプローチの仕方については，様々な考え方がある。親の面接を子どもの治療の補助手段であるとする考え方では，子どもの発達状態の詳細な見立てを行ない，その結果を親にフィードバックして，子どもの実情に合った養育上のアドバイスを行なうガイダンス的なものが多い。それに対して，親を心理治療の対象として扱い，その自己実現を追求していく考え方もある。

　橋本（2000）は，「母親面接で扱うのは子か母親かという二者択一的な視点では十分でない。子と母親は分かちがたく結びついており，母親面接で語られた「子ども」には，母親の無意識が現れている」と述べている。子どもは，親がやり残した課題，親の生きてこなかった影の部分を親につきつけてくるものである。例えば，生活苦の中で情緒的なあたたかさを切り捨てざるをえなかった家庭で育った親は，自分自身は別のリソースから何とかその不足を補い，「親はなくとも子は育つ」と割り切って生きてくることができたとしても，その親に育てられた子ども世代では，その不足に直面せざるをえないレベルにいたってしまう。「気持ちを向けてもらえていない」という子どもからの課題に

向き合わざるをえなくなったとき，親は自分の人生を違った目で見直すこととなり，自分自身の情緒的な未発達さと向き合い，育てなおすプロセスを歩むことになる。

また，乳幼児親子心理療法のように，母子の相互交流そのものを治療の対象と考えて，親子同席で心理療法を行なうものや，子どもと母親自身のかかわりのビデオ映像を見ながら，母親のかかわり方自体を生の素材として，介入を行なっていくものもある。

②現代の子育てをめぐる状況と親面接

日本では，儒教文化の伝統から，「母親であれば，無私の愛と献身をわが子にそそぐことができて当然である」という母性神話が，今も人々の深層意識の中に根強く残っている。高石（2007）の調査でも，子育て中の母親の約9割が「子育ては楽しい」と答えている。しかし，その同じ母親の5割は「子育ては辛い」と同時に回答している。「子育ては楽しい」と答えなくてはいけないという空気が社会に存在しており，子育ての苦しさ，辛さなどの否定的な側面は，表立っては表明されないまま，密室の中に積っていくことになる。

元来，子どもは「天からの授かりもの」「どうしようもなく産まれてくるもの」であり，家族，血縁，地域ぐるみで共同で抱えていく存在であった。しかし，バースコントロールが可能になったことから，その出生の選択は，女性個人が行なうことになった。これは女性の福祉の点からはもちろん喜ばしいことであるが，「産むことを選んだ」「産みたくて産んだ」という選択が，子育ての個人化，母親の個人責任化を推し進めたこともまた事実である。さらに，近年，ますます乳幼児期の発達における養育者との交流の重要性が明らかにされてきたことや，社会の成熟によって子育ての期待水準が高まっている。能力主義，早期教育やお受験など，エスカレートするばかりである。このような状況の中で，子どもに何か問題が生じれば，すぐさま母親個人の資質，養育に原因が求められ，母親個人が責められる風潮がさらに強まっている。核家族化や夫の多忙により助けが得られなかったり，経済的困難から生活状況が追いつめられたものであったりした場合，その重責に耐えられず，虐待にいたる母親が生まれることも不思議ではない。

そもそも，育児能力は社会的に学習されるものであり，身近な家族の子育て

を見聞きし手伝う中で，自然と学習されるものであった。しかし，核家族化が進み，子育て技能の伝承が難しくなり，育児雑誌やネットに頼る子育てでは，不安ばかりが募ることとなる。「子どもが思うように育たないのは，母親である自分の子育てが不十分であるためではないか」という自責の念に苛まれつつ，母親は相談機関に来談する。子どもが問題を起こした際，ほぼ自動的に「母親面接」が要請されてきた日本の心理臨床の伝統の裏に潜む母性神話にも，自覚的になっておく必要がある。

③親面接の留意点

このような状況で来談した親の面接を行なう際，くれぐれも母親たちの抱える罪責感，自己否定感への配慮が必要である。たとえその母親の子どもに対する養育がどんなに不適切にみえたとしても，それをすぐさま指摘し正すことは適切ではない。親を責めることは，親の自己否定感，罪責感を強め，親としての自信を失わせ，子どもとの関係へのエネルギー供給を妨げる危険性がある。

親の養育が虐待に近い状態であったとしても，まずは，それがその親なりの問題解決を目指す努力であったことを認め，その苦労を十分に労うことが重要である。それによって，親が心を開き，その努力の成果が上がらなかった苦しさ，困惑を語ってくれたところで，より効果のあるかかわりの方法を提案し，子どもの健全な発育のための協力関係を結ぶことが初めて可能となる。子どもにとってかけがえのない存在である親自身が，子どもとのよりよいかかわりを回復していくためのサポーターとして，支援を提案することが肝要である。

④親も育つという視点

近年，乳幼児精神保健分野の緻密な研究が進むにつれて，新生児期からの親子のかかわりの質が子どもの発達に大きく影響を与えていることが明らかになっている。発達障害の早期発見の必要性が唱えられるのは，親子のかかわりのズレを早くに修正し，よりかみ合ったかかわりを少しでも早くから実現することで，発達障害の特徴と思われていた症状が，じつはかみ合わない関係性によって二次的に生じたものであったことがわかってきたからである。では，どのようにして親子のかかわりの食い違いを結びなおしていけばよいのだろうか？

まずは親子のよいかかわりが成立しているところを発見し，それを認めてより強化していくことにより，親子の関係のよいサイクルを回していくことが大

切である。できていないところ，かみ合っていないところを発見して指摘し正すことを急ぐことは適切ではない。パポウシェク（Papousek, 2008）は，母子の間でもつことができているよいかかわりを探し，その継続を支援することで，母子がお互いに報酬を与えあってよい関係の循環を回していけるように，母親が自分の直感的育児能力に自信をもって，子どもに対しての信頼と肯定的な表象を強めることができるように，具体的なフィードバックを行なうという治療モデルを提唱している。これは，親を育て，親子のよい関係を育てていくという視点に立っている。したがって，子どもの障害の告知は，早ければ早いほどよいというものではないことを心にとめておく必要がある。親の側の受け止める心理的な準備状態の整わない段階での早期の告知が，親子の愛着関係の形成を阻害する場合もある。橋本（2000）は，新生児集中治療室（NICU）における臨床心理士としての実践の中で，障害の告知を意図的に遅らせ，母子の関係性の育ちを促すために先んじてカンガルー・ケアを行ない，親子の愛着関係が成立してから告知を行なった例を報告している。親の側もいきなり親の情が湧いてくるわけではない。心理的な準備状態が整ったうえで，子どもからのはたらきかけに引き出されて，育っていくものであり，親子ともにゆっくりと育ち，親子の関係を育てていける場を周囲が抱えていくことが大切である。

⑤親自身の見立て

　子どもについての親からの情報に基づいて，子どもの状態や問題について見立てていく場合，その親による描写の正確性について，検討する目をもつ必要がある。その親自身の病理性，知的能力，情緒的応答性，観察能力，認知のかたより，思考パターンなどを見立てたうえで，そのフィルターを考慮したうえで親による描写から子どもの状態を見立てていく。例えば「家ではまったくふつう。問題ない」と述べていた ADHD の子どもの母親自身も実は ADHD であって，注意集中のない状態や，衝動的な行動自体がまったく問題視されていないというケースもある。また，親自身の援助も，その親の自我機能水準，病態水準のみならず，支援リソースの有無等の，親子を抱える環境全体の見立てを行なったうえで，支援のスタンスを柔軟に調整する必要がある。カウンセラーも1人で抱え込むのではなく，学校，保健所，児童相談所，民生委員，子ども家庭支援センターなど，様々な機関の連携を活用する姿勢が求められる。

第2節　大人の心の理解と支援のための心理技法

1．大人の心の理解のための心理技法
(1) エゴグラム

　エゴグラム（egogram）とは，エリック・バーン（Berne, E.）が精神分析を基盤として創始した交流分析（transactional analysis）理論に基づく心理テストである。交流分析とは，精神分析のエッセンスを一般の人が自己啓発的に利用できるようわかりやすく説明したものである。親子関係に始まる人間関係や環境の影響等によって自我は歪んだ形になっていると考え，その状態を認識し本質的な自己に近づけていくことで様々な可能性を実現することを目指す。

①自我状態

　バーンは，われわれの心には，以下の5つの自我状態があると考え，どの自我状態にあるかは，外部からの観察によって決定できるとした。

■ CP（critical parent，批判的親）　父親的親。自分の価値判断を正しいものとして譲らず，主に「～でなければならない」といった規律を重んじる態度を示し，他者に対して批判や非難を行なう。目標が高く，理想を追求し，自分に厳しく，責任感が強く，リーダーシップを発揮する半面，他人に厳しく，自分の価値観を相手に押しつける面がみられる。基本的に他者否定の構えを有する。

■ NP（nurturing parent，養育的親）　母親的親。他人をいたわり，親身になって世話をするといった，親切で，寛容的な態度や行動を示す。他人の喜びを自分のことのように喜び，人の気持ちがよくわかり，共感的である。基本的に他者肯定の構えを有する。

■ A（adult，大人）　ものごとを客観的・論理的に理解し判断しようとする自我状態。

■ FC（free child，自由な子ども）　感情や欲求を自由に表現する自我状態。親のしつけを受けていない部分であり，本能的，自己中心的で，好奇心，直観，創造力と関連がある。基本的に自己肯定の構えを有する。

■ AC（adapted child，順応した子ども）　周囲に適応していく従順な自我状態。親のしつけや教育の影響をたぶんに受けている。基本的に自己否定の構えを有

する。周囲の様子をうかがい，怒られるようなふるまいはいっさいしない。協調性は高く，忍耐強く，他人に対して寛大。

②自我状態と性格

　通常，われわれは，相手や状況に合った自我状態を半ば無意識に使い分けている。例えば，組織の代表としてリーダーシップを発揮するときには，CPの自我状態で発言したり行動したりすることが重要となるが，家族関係において子どもや配偶者とリラックスしたコミュニケーションをするときには，NPやFCの自我状態を自然に用いることが必要になる。われわれは，1日のうちでこれらの自我状態の間を移行する。どの自我状態で過ごす時間が長いかは個人により，かなりの違いがみられる。自我構造分析は，それぞれがどのような力で作用しあい，どのようなバランスで機能しているかを分析する。この個人差をパーソナリティの個人差として捉えて，量的・視覚的に表現するものがエゴグラムである。

③エゴグラム

　バーンの弟子であったデュセイ（Dusay, J. M.）が，自我状態を量的に表現するために考案。数量的に表現する方法が考案され，質問紙法エゴグラムが開発された。日本では東大式エゴグラム（TEG）がよく用いられている。5つの自我状態に対応した5つの尺度の値が，一般と比較して高いのか低いのかがわかり，各尺度の高低のプロフィールから，人格特徴を読み取ることができる。

④特色

　エゴグラムは，自己分析のためのツールとして開発されている。各自我状態は，長所と短所の両面をもっている。エゴグラムのプロフィールが極端なものであったとしても，その人が社会的に良好な適応状態にある，あるいはその個性が強調されることでメリットを得ている場合には，その人格特徴は尊重されるべきである。社会的，あるいは自己実現上の問題があるとしても，その修正は，あくまで本人の主体的な決断によって行なわれるべきものである。エゴグラムを施行した場合には，結果をわかりやすく被検者にフィードバックし，被検者本人の自己成長や対人関係の改善に役立つように活用することが重要である。

(2) ロールシャッハ・テスト

　ロールシャッハ・テストは，スイスの精神科医ロールシャッハ（Rorschach, H.）が多くのインクのしみ（ink blot）を使って研究を進め，10枚の図版を用いた『精神診断学（Psychodiagnostik）』を1921年に著わしたことに始まっている。「何が見えるか」という内容的側面にとどまらず，「どのように知覚するか」という形式的側面から研究したところにロールシャッハの独創性がある。

　ロールシャッハ・テストは，人格診断上，最も包括的で有力な情報を与えるものとして，病院の精神科をはじめ，各種の心理治療機関において広く用いられている心理テストであり，最も習熟の難しいものである。

①解釈法

　現在，ロールシャッハ・テストに関しては，多くの流派がある。主観的現象主義の立場に立つクロッパー（Klopfer）法，日本で広く用いられている片口法，客観性を重視し統計的立場に立つベック（Beck）法，検査者の恣意的解釈を排除すべく，厳密な統計に基づき体系的で包括的な解釈を目指したエクスナー（Exner）法など，それぞれ記号化・解釈法が工夫されている。

②作用メカニズム

　ロールシャッハ・テストの特徴は，その図版が何に見えるとも決まっていない曖昧な性質をもつところにある。大山（2004）は，ロールシャッハ図版の与える印象を「ある種の不気味さ」と描写し，「構造化されない過剰な意味に満ちている」と述べている。見慣れない曖昧な図形を目にして，記憶をたどり想像力を駆使し何かを見いだそうと努力するとき，その人のよく使う防衛パターンや，対処パターン，情報処理の癖が如実に表われるのである。

③形式的側面と人格特徴

　形式的側面の指標の主なものとしては，反応の数（R），反応に要する時間（RT），反応領域における反応傾向，個々の反応は図版のどんな特徴を手がかりとして生じたものか（決定因），その反応はどの程度一般にみられるか（P反応），その反応はその図版が実際にもっている特徴とどの程度適合しているか（形態水準）などがある。ここでは，反応領域と，決定因について，その特徴がどのようにその人の人格特徴を反映するかについて解説する。

■反応領域　曖昧な図形から何かを確定して見るためには，ある部分を切り

取ったり，無視したり，一部を変形させたりという加工が必要である。この加工の仕方に「無理やり全体をまとめようとして途方もない努力を費やす」「細部ばかり見て全体を見失う」「大雑把にまとめる」「都合の悪いところは見ない」等，その人がふだん行なっている外界との接し方のパターンが反映される。

■反応の決定因　色彩，形態，濃淡，運動等の反応の特徴の利用には，それぞれ特有の心の機能が対応している。使われ方をみることで，心の機能の使われ方がわかる。ここでは色彩反応と形態反応について解説する。

　色彩は「目に飛び込んでくる」ものであり，受動的なまま知覚できるが，形態を見るためには，線に注意を向け，能動的に眼で線をたどることが必要である。例えば，図版の赤い部分に「カニ」と反応し，形態と色彩をうまく組みあわせて利用できていた場合，色彩から受けた情緒的な影響を受け止め利用できているので，自らの感情を恐れることも少なく，十分に気づき，受け止め，主体的な心的活動の中に取り入れることができると考えられる。ところが，同じ赤い部分を「夕焼け空」として反応した場合は，夕焼け空は決まった形のないものなので，反応の特徴のうち色彩だけしか利用できず，形態は無視してしまったことになる。これは，「赤」という強烈な色彩を知覚したことで，被検者が情緒的に動揺して，形態知覚という能動的な活動を放棄してしまったことを示す。すなわち，このレベルの反応が多い被検者は，自分の内から湧き起こってくる感情に突き動かされ，感情的に行動しやすいと理解される。

④記号化，指標化の際の留意点

　記号化や指標は，ロールシャッハ・テストで得られた甚大な情報を，要約し直観的に把握可能とするためのものである。計算式による結果は，極端な事例を抽出することに役立つ。また，被検者のある側面を鋭く描き出し，さらなる直観的な解釈の助けになることもある。しかし抽象化された記号だけに没頭することは慎まなければならない。大山は，反応は，検査者に対して「語られることば」であるので，検査者の聞き方が必然的に反応に影響を与えると指摘している。すなわち，ロールシャッハ・テストの反応は，測定法の厳密性から言えば曖昧なものであるから，検査者の直観や経験的判断から補い，総合的な判断をしなければならない。記号化を明確にすると同時に，記号化されないものにも留意しておく必要がある。

(3) バウムテスト

　バウムテストは，描画における投映法の中で最も一般的なものの1つである。バウムテストの由来は，職業相談家であったユッカー（Jucker, E.）が，臨床活動の中で，相談者の人格の深層について直観的に知ることができ，本人にとってもヒントとなるような簡便な方法の必要性を感じたことに始まる。彼は，その方法を求めて，ヨーロッパの文化史，神話史について長年にわたり研究し，樹木画（バウム）を用いることを思いついた。1928年ごろから臨床場面で用い始め，臨床家としての経験的な観察結果を裏づけていくことによって，バウムを読み取っていた。コッホ（Koch, C.）はユッカーの考えを引き継ぎ，文化や芸術，筆跡学，空間象徴など様々な角度から研究を重ね，ある程度共通して見いだされる意味合いや解釈を整理し，1949年に『バウムテスト』を出版した。

　1970年に林らによって邦訳されて以来（Koch, 1952），バウムテストは日本の心理臨床に完全に定着し，臨床現場で広く活用されている。近年は，治療技法としての活用実践も報告されている（角野，2004b）。2010年には岸本らによってより詳細なドイツ語原著第3版（Koch, 1957）の邦訳が出版された。

①手続き

　A4サイズの白画用紙とB4の鉛筆を手渡し，「実のなる木を一本描いてください」と教示する。描く間，検査者はかたわらにいて見守る。描き終わったあと，被検者をねぎらいつつ，ともに作品を眺める時間をもつ。被検者の感想，印象を聞きつつ，「どんなところにはえている木か」「何歳くらいの木か」「これまでどのように育ってきたか」「これからどうなっていくと思うか」などについて，質問をしてもよい。なお，変法として，枠づけして描かせるもの（枠づけ法），一枚描かせた後に「では今のとは別の木をもう一本描いてください」と教示するもの（2枚法），「木を書いてください」とのみ教示するもの，色づけさせるものなどが工夫されている。

②概説

　木は，人の立ち姿に似ていることから，本人の自己像を重ねてイメージされやすいことが知られている。また時間を重ねて育つものであることから，その育ちのイメージが本人のもつ育ちのイメージが重ねられやすい。木は，人間が

自分自身を投映してイメージして描くのに適したアイテムであるといえる。

　「木」を描くように求められたとき，被検者はこれまでに見てきた多くの樹木の中から，自分に最も印象的であったり，自分が最も共感できたり，自分と同一視できたりした樹木をまず心に思い浮かべる。次いで，このイメージ化された木を自分自身の内的感情や欲求によって無意識に変容させ，被検者にとっての特有の木として描く。したがって，バウムテストに描かれた木は，主に被検者が自分自身の姿として無意識のうちに感じているものを示し，被検査の基本的な自己像が描かれやすい。自己像や人物画に比べて防衛されにくく，バウムテストを拒否する被検者は少ないといわれている。

③コッホの解釈の3側面

■形態分析　樹木の形から分析する。樹冠を描いたか，幹に比べて大きさはどうか，幹は単線か二線によって描かれているか，二線の幹の場合，空白のままか，黒く塗ってあるか，傷跡があるか，果物や葉を描いているかなど，コッホはかなり細部まで分類，解釈している。高橋・高橋（1986）は，それらの描画のサイン（特徴）に結びつくパーソナリティの側面についての解釈仮説をまとめている。

■動態分析　鉛筆の動きを観察し分析する。描かれたラインは，その当人の筋肉運動の軌跡である。運筆のタッチからは，当人のその日の心身の状態（緊張―解放，抑制―弛緩等）や性格傾向を読み取ることができる。

　運筆の結果が被検者にも見える形でそこにとどまるので，当人がその結果から自己の状態についての気づきを得ることができる。今まで意識できなかった，または実感できなかった感情や思いを描画から気づかされることが多い。

■空間象徴の解釈（樹木の紙面における配置）　描かれる「木」の多くが被検者自身を投映しているのに対し，「木」の描かれる用紙は，被検者の認知した生活空間を表わしているとされる。「空間象徴」は筆跡学で用いられた理論であり，用紙という空間の中にある領域が特別な意味を象徴しているという考えである。

　コッホは，筆跡学のグリュンヴァルド（Grunwald, M.）の空間図式を取り入れ，画用紙を上下左右に四等分してそれぞれの位置にあるもので解釈する。ある描かれた木が左に寄っているか右に寄っているかでは，その心理学的意味が違ってくると考えるのである。

表 4-2　バウムテストにおける動態分析 (林ら, 1970)

形態水準		+	−
不規則性 規則性		感情の優位 意志の優位	感情生動性 意志の強さ	意志の弱さ 感情の冷たさ
均衡 不均衡		低い興奮性 高い興奮性	平静化 感受性	無感応 易刺激性

形態水準		+	−
急速 遅緩		活動欲・感情生動性 静穏・平静化	不穏・感情興奮性 不活発・冷淡
弱圧 強圧		敏捷・繊細さ 意志力・抵抗感	意志薄弱・不安定性 鈍重・短気
潤 渇	(側) (直)	生のよろこび・直観性 自己統制力・精神性	放縦・粗野 禁欲的・概念性
広 狭		熱中・想像力 克己・理論	奔放・無批判 臆病・無味乾燥
連 分	綿 離	論理性・組織的思考 思想豊富・直観能力	思想貧困・移り気 飛躍性・抽象力欠乏
豊 貧		形式感情・外観重視 合目的意識・即事性	誇張・非即事性 外観軽視・形式感情欠乏
飾りたて おざなり			喝采願望・自画自賛 非厳密性・狡猾

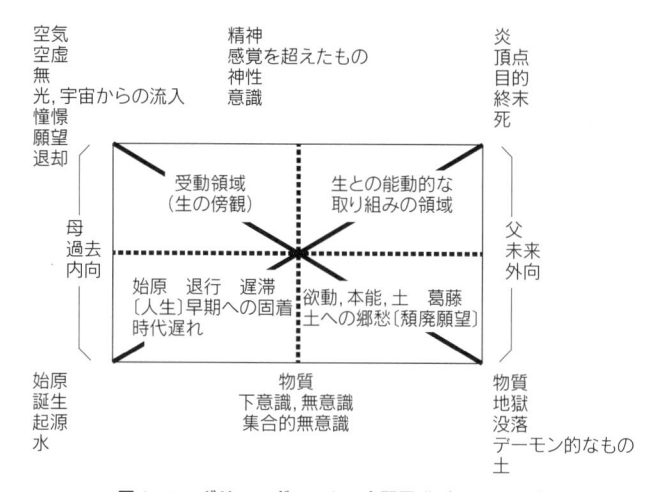

図 4-1　グリュンヴァルドの空間図式 (Koch, 1957)

④全体印象

　バウムテストの解釈においては，描画がどのような感情をこちらに伝えてく

るのかをまず始めに受け止めることが重要である。高橋ら（1986）も，解釈に当たっては，「描かれたバウムを全体として眺め，描画から得られる全体的印象を重視し，検査者が直観的に被検者の精神状態を知ること」の重要性を強調している。高橋らは，全体的評価として描画から具体的に感じられるものとして，描かれた「木」が全体として，①調和がとれていて自然な印象を受けるか，バランスを失い歪んでいたり，不格好であったりして奇妙な印象を受けるか，②豊かなエネルギーを適切に統制して力強く繊細に描かれているか，エネルギーが乏しく無気力に，あるいはエネルギーの統制を失って粗雑に描かれているか，③パーソナリティが硬い印象を受ける絵か，可塑性の感じられる絵か，④あたたかく友好的な印象を受けるか，冷たく敵意を感じるか，⑤協調的で適切に自分を表現しているか，抑圧して防衛的になっているかをあげている。

⑤グラフィック・コミュニケーション

人は，自分の欲求や感情などを言葉で十分かつ適切に表現できないときに描画という手段を使ったり，無意識のうちに有している欲求や葛藤や感情などを，自分自身も意識しないうちにグラフィック・コミュニケーションにおいて示すことがある。高橋らは，依存的な性格であると自分を認知している被検者が，「支柱のある木」を描き，描画後の質問に対して，「私は気が弱く自信のない人間だと思います」といった例と，ある青年が用紙の左右両側に切り株を1つずつ描き，中央に一本の木を描いて「なんとなく描いたので，別に理由はありません」と答えていたが，他の情報から彼の両親が最近離婚していたことがわかり，この切り株に両親を表わしているのだろうと推察された例をあげている。

⑥留意点

バウム・テストの解釈において，厳密なものは存在しない。被検者が精神のどの層でこの課題に反応しているかは簡単には知ることはできない。ある場合は表層が賦活され，またあるときには深層が賦活される。角野（2004a）は，バウムテストの解釈は難しく，意味から人格特性や診断を引き出す段階の作業には，才能，経験，責任感によることが大であると述べている。

精神分析学，文化人類学，発達心理学，神話，おとぎ話，芸術作品などからの普遍的な象徴的意味を理解するとともに，被検者個人に特有の象徴的意味を，描画後のやりとりや他の心理テストや臨床所見から得る必要がある。

2．大人の支援のための心理技法
（1）来談者中心療法

　来談者中心療法とは，カール・ロジャーズ（Rogers, C.）が創始した心理療法である。カウンセリングのあらゆる立場を越えて基本的な考え方を提示したものであり，現在にいたるまで，様々な心理療法の基本的な態度として受け入れられている。

　ロジャーズが来談者中心という考えを提唱した1940年代は，心理療法の中心は医師による精神分析であり，「患者とは病んで自分では治せない人であり，医師とは患者のことを患者より知っており，患者を治すことのできる人」という関係で心理療法が行なわれていた。そうした時代に，ロジャーズは「患者」のかわりに「来談者（クライエント）」という言葉を用いて，カウンセラー中心で治すのではなく，来談者中心という考え方を提唱したのである。

①「関係」を重視

　カウンセリングにおけるクライエントとカウンセラーの人間関係を重視し，「そこにいると自分が十分に自分らしくいることができるような人間関係」を味わい体験することで，人は癒されるとした。ロジャーズの主張は，他学派の価値を否定するものではなく，ベテランの治療者は治療関係の中にそのような側面があることはよく理解していたと思われるが，整合性のある理論に固執しがちであった他の学派に，改めて「関係」の重要性を気づかせることとなった。

②人間性への信頼

　ロジャーズは，すべての個人は成長への力，自己実現への力を内在していると考えた。治療者の先走った指示は，潜在しているクライエント自身の方向性を阻害してしまう危険性が高いので，指示はせずに，クライエントをあるがままに尊重し，受容・共感することが大切であると強調した。

③カウンセリングの基本的態度

　ロジャーズはどのようなカウンセリングが治療的にはたらくのかについて，実践研究と指導法の開発を行ない，「治療的人格変化の必要十分条件」をまとめた。諸富（1997）は，これらについて，カウンセラーとしての自分の体験からわかりやすく解説している。諸富によると，「自己一致」とは，カウンセラーがクライエントから「感じ取っていること」や，クライエントとのかかわ

りにおいて，自分の中に生じてくる「感じ」に忠実に動いていけることである。相手から実感として伝わってくるものと，曖昧にしか伝わってこないものとを明確に区別し，「自分が相手に何を感じているか」に気づき，意識しており，必要な場合には，それを言葉にして伝えることができる状態である。また，「無条件の肯定的配慮」とは，「あなたが～の場合だけ認めます」といった条件をつけずに受容することである。たとえ相互に矛盾する要素が表現されていても，いずれもクライエントのかけがえのない側面として大切に受け止めていく。さらに「共感的理解」とは，セラピストは，自分がクライエントの内的照合枠を共感的に理解していることを経験しており，またクライエントにそれを伝えようとしていることである。

④その後の展開

　ロジャーズは，彼の人生の歩みに即して自らの理論を展開させていった。最終段階の彼が重視したのが，ジェンドリン（Gendlin, E. T.）らと共同研究を行なった，心理療法の効果測定の研究であった。これは，現在，体験過程療法として発展している。

　ジェンドリンは，セラピーがうまくいっているときには，クライエントの内面で，自分自身の「感じ」の流れ（＝体験過程）に触れ，その意味を問い合わせていくというプロセスが生じていることを発見した。

　体験過程療法では，面接の中で，「このクライエントは自分の体験過程に触れることができるか」「できるとすればどの程度か」を見定めたうえではたらきかける。体験過程に触れる力が認められるにもかかわらず，外的な事柄ばかりに話がかたより面接が深まらないクライエントには，体験過程に触れるように促す。体験過程に触れることができない人にやり方を教える方法がフォーカシングである。フォーカシングとは，「うまくいっているカウンセリングの中で，クライエントの心の中で起きていることのエッセンスを取り出し，学ぶことができるように体系化したもの」である。からだの内側の「感じ」に触れることを通して，自分の心のメッセージに耳を傾ける技能を，セラピストとともに面接の中で経験していくことで養い，クライエントの自己治癒力を養うことを目指していく。

　逆に，体験過程に触れすぎて混乱しているクライエントには，体験過程に触れずとも，安心してそこにいることのできる「安全な空間」を提供していく。

（2）認知行動療法

　私たちは，現実をそのまま客観的にみているわけではない。自分独自の受け取り方や考え方の影響を受けながら，自分なりの世界をつくりあげている。同じ体験をしても，その受け取り方によって気分や行動のパターンは違ってくる。うつ的になると，悪いことばかりに目が向いて気持ちが落ち込んでいく。

　この現実の受け取り方やものの見方を「認知」とよぶ。「認知」に意識的にはたらきかけることを通して，行動療法の技法を一部使用しつつ，クライエントの行動の変化を促す治療法を，認知行動療法（cognitive behaviour therapy：CBT）とよぶ。

①特徴

　ものの見方を変えることは，一般にカウンセリングで目指されることである。悩みの原因を変えることはできずとも，その受け止め方を変えることはできる。受け止め方が変われば，それに対して取る行動も変わりうる。

　その中でも，認知行動療法では，特に認知のゆがみに的を絞り，治療者の指導のもとで，自分の思考の癖の非合理さを客観的にメタ認知させ，悲観的な思考パターンを修正できるよう意識的なトレーニングを行なうところが特徴的である。染みついた癖は，なかなか修正されにくいので，宿題や自習によってエクササイズをくり返すことで，定着をはかる。

②方法

　認知行動療法では，瞬間，瞬間に頭に浮かんでくる考えやイメージのことを自動思考とよぶ。私たちが現実をどのようにみているかが，そこに表われる。

　例えば，不安になっているときには，「何か危険なことが起こりそうだ」と考え，その「危険に対処するだけの力が自分にはないし，きっとまわりの人からも必要な助けが得られないだろう」という考えに支配されるようになる。こうした考えの流れを「自動思考」とよぶ。この「自動思考」を，現実にそった柔軟な考え方に変えることができれば，そのとき感じるストレスはかなり和らぐ。

　自動思考を意識するためには，強い感情を抱いたり，何かに反応して激しい行動をとったりしたときに，頭の中にあったことに注意を向けるようにする。その感情を抱く直前に，どのような考えが頭に浮かんだか？　こんなことが起こるのではないかと心配していることはないか？　など。自動思考に気づいた

ら，自動思考を裏づける事実（根拠）とともに，自動思考と矛盾する事実（反証）も書き出したうえで，視野を広げたバランスのよい別の考え方（適応思考）を書いてみる。一度だけでは汎化しないので，自宅でも日記形式で，自分の思考パターンを修正する訓練を続ける宿題が課されることが多い。

③特徴的な認知のゆがみ
- 根拠のない決めつけ：根拠が少ないままに思いつきを信じ込む。
- 白黒思考：灰色（曖昧な状態）に耐えられず，ものごとすべて白か黒かという極端な考え方でわりきろうとする。
- 部分的焦点づけ：自分が着目していることだけに目を向け，短絡的に結論づける。
- 過大評価・過少評価：自分が関心のあることは拡大して捉え，反対に自分の考えや予想に合わない部分はことさらに小さくみる。
- べき思考：「こうすべきだ」「あのようにすべきではなかった」と過去のことをあれこれ思い出し，悔やんだり自分の行動を自分で制限して自分を責める。
- 極端な一般化：少数の事実を取り上げ，すべてのことが同様の結果になるだろうと結論づけてしまう。
- 自己関連づけ：何か悪いことが起きると，自分のせいで起こったのだと自分を責めてしまう。
- 情緒的な理由づけ：そのときの自分の感情に基づいて現実を判断してしまう。
- 自分で実現してしまう予言：自分で否定的予測を立てて自分の行動を制限してしまい，自分の行動を制限するものだから，予測どおり失敗してしまう。その結果，否定的な予測をますます信じ込み，悪循環に陥ってしまう。

④位置づけ

　認知行動療法は，効果研究によって他の心理療法に比較して有効な介入ができるという結果が実証的に示されており，適用範囲も広い。下山（2004）は，社会的行動に焦点を当てることで，コミュニティなどの社会的場面におけるクライエントとの問題解決に特に効力を発揮するので，スクールカウンセリングをはじめとして，様々な社会的場面でクライエントの行動変化や問題解決を援助することが強く求められている日本においても，認知行動療法への関心と活用への動きは，今後ますます高まるだろうと述べている。

(3) 表現療法

　表現療法とは，芸術的な技法による表現を媒介にして，内的イメージを知ろうとする治療法の総称である。内的イメージは，クライエントの「ものの見方」を，集約的に表わすものであるという考えに基づいている。芸術療法（アートセラピー）ともよばれる。

　表現療法という命名は，山中康裕によるものである。山中は，芸術的に価値の高い表現が必ずしも治療的に有効ではないことから，「芸術的な作品」を制作してもらうことではなく，クライエントの切実な内実を映し出す「表現」を重視していることを強調するために，あえて芸術という言葉を用いないとした。絵画療法の有効性を最初に提唱したのは，自己分析の中で自らイメージ画を多く描き，その中で癒される体験をしたユング（Jung, C. G.）である。そのため，表現されたイメージ理解をユングの象徴理論によって行なうことが多い。言葉以外のノンバーバルな表現技法を用いることが多く，描画や造形など，視覚的な表現が多く用いられるが，詩歌や小説など，日常言語とは異なった詩的な言語表現によって行なわれる場合もある。

　自由画，夢の描画，スクィグルなど描画を用いるもの，粘土，写真，本章第2節1．の(2)で紹介した箱庭療法はその代表的なものである。また，第2節2．の(1)で紹介した遊戯療法も，表現療法に含めて考えることもできる。

①治療メカニズム

　描画や粘土，砂遊びなど，表現療法に使われる技法の多くは，子どもの遊びを起源としている。子ども（童心）にかえってリラックスして遊ぶことで，日常の固定化した意識を緩め，前意識的なもの，無意識的なものを表現することができるようになる。

　ふつう，私たちは，自己の感情や思考の心理過程の一部と同化し，他の部分を無意識に追いやることによって，葛藤を抱えながら，パターン化された行動や思考の枠の中に自己を押しこめている。そのような無意識の過程を自覚し，全体にしなやかな流動性を復活させるためには，体の無意識の運動や夢の象徴や感情として現われてくる無意識の過程をいったん増幅させ，強調することがとても役立つ（Mindell, 1995/永沢，2001）。

　そもそも人間は，心の内奥にあるものを，何らかの形で表現したいという欲

望を生来的にもっている。不適応状態にある人は，他の人とのかかわりの中で自分らしさを出すこと，すなわち自己表現が阻害されている人であることが多い。1人個室の隅で描いた描画と，信頼できるセラピストに見守られながら描いた描画ではまったく意味が異なる。絵や作品あるいは言葉で表出，表現されたその人らしさを受け止める人がいることで，自己治癒力が活性化される。

　表現療法において，セラピストはクライエントの制作している過程をそばにいてじっと見守ることができる。セラピストがじっと見守る中で，クライエントは安心して自分の内的世界を表現することができる。「制作過程を見守ることは，サリバン（Sullivan, H. S.）の提唱する「関与しながらの観察」の最も初歩的で単純な形，しかももっとも確かな場合ではないだろうか」と中井（1976）は述べている。「セラピストとクライエントの間に一枚の画用紙，一片の粘土が介在することで，沈黙はそれほど気づまりなものでなくなりうる。クライエントの筆先，指先のうごきを追体験しながら，その間に交わす会話はより余裕のあるものになりうる。時折漏らす断片的な言葉にしても，いま患者がどのような筆づかい，指さばきで何をしあげつつあるかが目で追えるわけであるから，その含蓄をつかむことは一般にやさしくなる」。

②適用

　どの技法を用いるのか，また表現療法を実施するべきかどうかは，クライエントの病態水準，そして今そのプロセスの中でどのような段階にいるのかを，セラピストが力動的に見立てたうえで選択されるべきものである。技法は，あくまでセラピストとクライエントとのコミュニケーションの中で，道具として，クライエントの反応をみながら試して用いていくものである。どのような球が返ってくるかを予想しつつ，この人にはどのようなチャンネルが有効だろうかと考えながら，変化球を打ってみるようなイメージである。

　また，絵画が上手だとされている人は，それを有力な防衛手段としていたのであるから，日常，絵を描く機会のない人に比べて得るところがかえって少ない。そういう場合は，箱庭や粘土など，絵画以外の方法を利用した方がよいだろう。

③表現療法と解釈

　客観的・分析的な視点に立って作品を理解することよりも，クライエントを

全面的に受容するセラピスト-クライエント関係をつくることを重視する考えから，表現療法の作品は，必ずしも解釈を必要としないとする立場の治療者も多い。治療者は，クライエントの作品を深く味わいつつ，ときに，連想を聞いていく程度のかかわりが推奨される。意味づけを急がずとも，表現療法の作品をシリーズとしてみていくと，その意味内包がわかってくることが多い。

　イメージとは，もともと多義的な意味をもつものである。心の内部の可能性の表現であるという点において，イメージはいくつかに変形しうる可能性をもって生じている。したがって，一対一対応の断定的な解釈というものはありえない。治療者が早期に断定的な解釈をしてしまうと，可能性の芽をつぶすことになる危険性がある。セラピストが解釈を伝えなくとも，自分が思いがけず表現したものをクライエントがみて驚くことで十分インパクトがあり，「つくるだけで」治るケースもある。

　しかし，治療者は表現されたイメージ解釈を通して，その意味を理解し，受容するので，きちんとそのイメージ表現の意味を理解していなければ受け止めることができない。クライエントにその解釈内容を言語的に伝えるかどうかは置くとしても，治療者は解釈を通してクライエントの理解を深める努力を続け，作品の意味を把握している必要がある。

④イメージ理解に役立つ視点

　河合（1969）は，「どのような表現に対しても，断定的な解釈は避けなければならない」と前置きしたうえで，「人間共通の特性についての考慮や，今までの象徴に関する研究などに基づいたある程度の法則性」をまとめている。

- ・統合性：全体として受ける感じの中でも，バランスが崩れた状態から，両者が統合性（まとまり）を見せる兆しがあるかどうか。
- ・空間配置：空間象徴理論（バウムテストの項を参照のこと）。
- ・主題（テーマ）：「マンダラ，宗教的な像，森の中の社，山の上の城」「2つの世界の統合」。2つの世界の統合の過程における「闘い」「死と再生」「領域の拡大」「渡河」「旅立ち」「自動車や人間の行列，流れ」などがよくみられるテーマである。それぞれのもつ意味については，巻末の参考文献（河合，1969）を参照されたいが，このような意味は，拡充法というユング派の夢分析の方法に基づいて見いだされたものである。

拡充法とは，クライエントの提出するイメージに類似のもの，平行的なものを，人類の神話，伝説，昔話，宗教的絵画などに求め，それによって，もとのイメージの意味を見いだしていく方法である。「主観」的な体験の共有という，深層心理学における治療プロセスの記述は，まったく恣意的なものになってしまう危険がある。ある程度の客観性を示すために，ユングは人類が残してきた文化遺産の中に，類似のものを見いだすという方法を用いたのである。

⑤表現療法の代表的な技法

　先に述べた箱庭療法，遊戯療法の他にも様々な技法が用いられている。その代表的なものについて解説する。

■コラージュ療法　現代美術の技法の１つであるコラージュ（切り貼り絵）を個人心理療法に導入した心理療法である。コラージュとは，雑誌や新聞などから切り抜いた，本来関係のない別々のイメージを，最初の目的とはまったく別のあり方で結び付け，新しいイメージをつくり出すものである。既製の絵や文字を自由に切抜き，画面に貼り付ける。簡便な箱庭・もち運べる箱庭として，様々な分野で実施されるようになってきている。

　写真やすでに描かれた絵などを用いるため，上手下手のコンプレックスを刺激せずに作品ができあがるので，非言語的手段としては抜群の能力を発揮する。年齢，知能などによる限定があまりなく，高い知能の人もそうでない人も等しく熱中できる。

■スクィグル療法　スクィグル（squiggle）とは，なぐり書き（走り書き）のことである。スクィグル療法とは，イギリスに昔から伝わっていた子どもたちの遊びを，小児科医であり精神分析家であるウィニコット（Winnicott, D. W.）が，治療へと発展させたものである。クライエントがなぐり描きをすればセラピストがそれに何かを見いだして（投映）仕上げ，次は交代してセラピストがなぐり描きをしてクライエントが投映し仕上げをする。絵の苦手な人にも導入しやすく，プレイフルな要素が大きいので，治療場面をマイルドにする効果があり，シャイな子どもや，不安の強い人との治療に有効である。投映された内容から，転移や攻撃性などを読み取ることもある程度可能である。

第3節　子どもと大人の支援と諸施設

1．子どもの心の支援と教育センター

　教育センターとは，教育委員会に所属し，各都道府県または政令指定都市などに設置されている機関であり，各管轄地域において，教職員の職責にふさわしい資質・能力の向上を図ることを目的に設立されている。各センターでは，主に，教員の指導力向上に向けた調査・研究，研修の実施に関すること，教育支援（教育相談）に関することなどを事業内容としている。

　教育相談では，教員などの教育関係者と教育関係者以外の児童・生徒，および保護者からの教育相談も受けており，年々，相談件数が増えている。主に対応している相談内容は，不登校，いじめ，学業，進路などである。

　相談の窓口としては，電話相談，来所相談，メール相談などが主である。特に，電話相談は，24時間対応可能なホットラインを設置している機関が多く，子どもや親たちが不安を感じたときはいつでも相談できるようになっている。

(1) 不登校に関すること

　不登校の状態にある児童・生徒の状況に応じて，再登校や社会的自立に向けた相談・指導を行なう。主に，以下のような事業を展開している。

■悩みを共有する人の派遣　不登校やひきこもり傾向にある子どもたちに対して，大学生などの学生ボランティアが家庭訪問をする。学校や家庭での悩みを聞いたり，一緒にゲームや簡単なスポーツ，散歩などをしながら，人とかかわる機会をもってもらう。その子自身の明るさや元気を取り戻してもらい，次の行動を起こすきっかけづくりをすることを目的としている。

■人と触れ合う場の提供　家庭から離れて，同世代の子どもたちと一緒に，創作活動やスポーツなどをしながら，新たな人間関係づくりを経験し，もう一度やり直せるかもしれない，自分でも大丈夫だ，といった自信を回復してもらう。

■集団生活に慣れる場の提供　登校や自立に向けて，より学校に近い生活リズムで過ごす。集団生活に少しずつ馴染むことで再び登校できるようにする。「適応指導教室」とよばれることもある。

　不登校対応においては，子どもの自尊心の回復や人とのかかわりを再びもて

るようになることなど，社会適応に向けた心の成長を支える側面と，家庭や学校における関係の見直しなどの環境調整の側面を含んでいる。そのため，学校に通えるようにすることだけを目的にするのではなく，不登校の背景にある個別性に目を向け，対応できることが重要となる。

(2) いじめに関すること

　いじめの相談があった場合には，いじめられている子どもを守りながら，学校と連携し，いじめの解決に努める。

■いじめ相談に対する取り組み　子どもや保護者の話をじっくりと聞き，事実関係の把握と心情理解に徹する。安易な激励は避け，秘密を守ることや，絶対に味方になることを伝えることが必要である。学校と連携しながら，実態把握やその後の対応を一緒に行なう。時には，学校側と保護者側の意見が違うこともあるため，間に入り，調整役を務めることもある。

■発覚後の対応　具体的には，学校内で対応が取られていくが，適切に解決に向かうよう，常に教育センターとして状況を把握する。関係者からの問い合わせや，情報提供なども重要な役割となる。問題の終息がみられた後には，いじめが起こった経緯などを改めて検証し，今後の予防に生かす。

■予防への取り組み　数か月に1回程度，各学校でいじめの実態調査を行なうこともある。最近のいじめは巧妙化してきており，発見が難しい場合も多い。また，表面に現われにくいこともあり，発見が遅れることもあるため，教員のためのチェック項目などを作成し見逃さない為の取り組みなどもされている。

　教育センターにおいて，臨床心理士としてかかわる場合には，教育相談員という職業がある。相談者は，主に，子ども，保護者と学校関係者である。これらの相談者は，1つの問題に対して相対する立場をとることもあるため，相談員の中立的な対応が非常に重要になる。その役割は，子どもに対するカウンセリング，保護者に対する心理教育だけでなく，学校側へのコンサルテーション的な役割や各機関をつなぐリエゾン機能も果たすなど，多岐にわたる活動が求められる。それぞれの意見を聞きとるだけでなく，各機関の役割や特性を把握しておくことも重要な仕事の1つである。

2. 子どもの心の支援と児童相談所

児童相談所とは，児童福祉法第12条に基づいて，児童の福祉を実現するために設置された行政機関である。都道府県と指定都市には設置が義務づけられており，指定都市以外の個別に政令で指定する市においても設置することができる。2011（平成23）年7月時点で全国に206か所が設置されている。

児童相談所で対応している相談は，養護相談，障害相談，非行相談，育成相談，その他の相談に大きく分けることができる。養護相談とは，「保護者の家出，失踪，死亡，離婚，入院，稼働および服役等による養育困難児，棄児，迷子，虐待を受けた子ども，親権を喪失した親の子，後見人をもたぬ児童等環境的問題を有する子ども，養子縁組に関する相談」である。障害相談とは，療育手帳の判定をはじめとする知的障害に関する相談，重症心身障害相談等の障害に関する相談である。非行相談とは，家出，乱暴，性的逸脱等の問題行動があり将来的に犯罪を犯すおそれのある児童に関する虞犯等相談，実際に法に触れる行為を犯した児童に関する触法行為等相談等の非行に関する相談である。育成相談とは，性格行動相談，育児・しつけ相談，不登校相談等の相談である。

全国の児童相談所が対応した種類別相談件数は，図4-2の通りである。2009（平成21）年度中に児童相談所が対応した件数は37万1,800件であり，

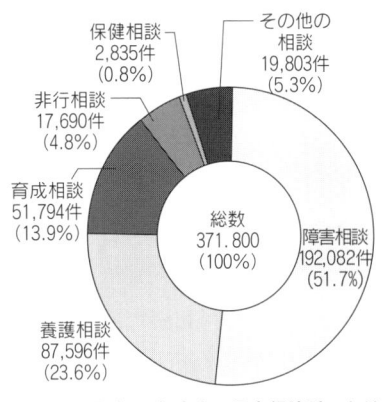

図4-2 平成21年度中の児童相談所における相談の種類別対応件数

出典）厚生労働省 2010 「平成21年度福祉行政報告例結果の概況」

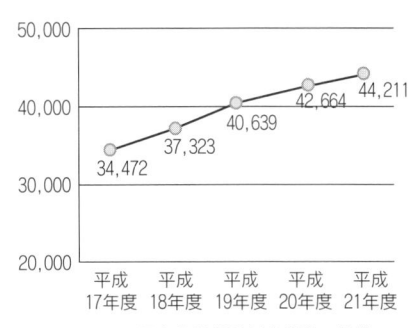

図4-3 児童虐待相談対応件数の推移

出典）厚生労働省 2010 「平成21年度福祉行政報告例結果の概況」

そのうち51.7％が障害相談で最も多く，養護相談が23.6％，育成相談が13.9％，非行相談が4.8％で続いている。養護相談のうち「児童虐待相談の対応件数の推移」は図4-3に示した。児童虐待相談の対応件数は年々増加しており，2009年度の対応件数は4万4,211件で4万件を超えている。

　児童虐待相談の急増等の影響により，従来はあらゆる児童家庭相談に対応することとされていた児童相談所の役割には変化が生じている。2004年の児童福祉法改正により，児童家庭相談に応じることが市町村の業務として法律上明確にされ，市町村には虐待の未然防止・早期発見を中心に積極的な取り組みが求められることになり，児童相談所（都道府県等）の役割は，専門的な知識および技術を必要とする事例への対応や市町村の後方支援に重点化された。さらに保護者に対する指導に家庭裁判所が関与するしくみが導入されるなど司法関与の強化を行なう等の措置が講じられることになった。これらの措置により，児童家庭相談にかかわる主体を増加させるとともに，その役割を明確化することで，全体として地域における児童家庭相談体制の充実を図ることとされた。

　児童相談所の職員には，所長，次長，児童福祉司，児童心理司，医師，児童指導員，保育士等がいる。児童心理司は，子どもや保護者等の相談に応じたり，心理診断を行なったり，心理療法やカウンセリング，助言指導等の指導，電話相談等を行なっている。具体的な例をあげると，面接や行動観察，ウェクスラー式知能検査やビネー式知能検査等の知能検査，遠城寺式乳幼児分析的発達検査や新版K式発達検査等の発達検査，ロールシャッハテストやSCT，HTP，PFスタディ等の人格検査，保護者や児童福祉司，児童指導員等の関係者から得られた情報等をもとにして，臨床心理学的な観点からアセスメントを行ない，心理所見としてまとめ，継続的な治療が必要な場合には，カウンセリングやプレイセラピー等を行なう場合もある。心理所見の内容を児童福祉司等の他の専門職にも理解しやすい形にして伝えることは容易ではないが，なるべく専門用語を避けてわかりやすい言葉を用いて説明する等の配慮が必要である。

　児童相談所での相談業務は，問題が複難なケースも多く，対応に悩むことがある。必要に応じて他の職員に相談や助言を得ることで，問題解決のためのより適切な判断を行なうことが可能になり，自らの児童や保護者へのかかわりを振り返り，専門性を向上させていくことができる。

3．子どもの心の支援と児童養護施設

　児童養護施設とは，児童福祉法に基づいて設置された施設であり，同41条には，保護者のない児童，虐待されている児童その他環境上養護を要する児童を入所させて，これを養護し，あわせて退所した者に対する相談その他の自立のための援助を行なうことを目的とする施設とされている。入所対象から満1歳未満の乳児を除くとされているが，安定した生活環境の確保，その他の理由により特に必要のある場合には，乳児も入所できる。2008年10月1日現在で，全国の児童養護施設数は563か所，入所児童数と年齢構成は，表4-3の通りである。入所児童総数は31,593人で，0歳～6歳が21.1%，7歳～12歳が41.5%，13歳～15歳が22.7%，16歳以上が14.5%となっている。

　2008年2月1日現在の養護問題発生理由別児童数は，表4-4の通りである。この中で，虐待と考えられる「放任・怠だ」「虐待・酷使」「棄児」「養育拒

表4-3　養護施設児童数（構成割合%）

0歳	6(0.0)	7歳	1,860(5.9)	13歳	2,466(7.8)
1歳	34(0.1)	8歳	1,973(6.2)	14歳	2,349(7.4)
2歳	454(1.4)	9歳	2,095(6.6)	15歳	2,356(7.5)
3歳	1,120(3.5)	10歳	2,300(7.3)	16歳	1,745(5.5)
4歳	1,520(4.8)	11歳	2,389(7.6)	17歳	1,581(5.0)
5歳	1,711(5.4)	12歳	2,486(7.9)	18歳以上	1,256(4.0)
6歳	1,858(5.9)				
男 16,908(53.5)		女 14,555(46.1)		総数	31,593(100)

出典）厚生労働省　2009　「児童養護施設入所児童等調査結果の概要（平成20年2月1日現在）」をもとに筆者作成

表4-4　養護問題発生理由別児童数（構成割合%）

総数	31,593(100)				
父の死亡	195(0.6)	父の入院	327(1.0)	父の虐待・酷使	1,849(5.9)
母の死亡	580(1.8)	母の入院	1,506(4.8)	母の虐待・酷使	2,693(8.5)
父の行方不明	328(1.0)	父の就労	1,762(5.6)	棄児	166(0.5)
母の行方不明	1,869(5.9)	母の就労	1,293(4.1)	養育拒否	1,378(4.4)
父母の離婚	1,304(4.1)	父の精神疾患等	180(0.6)	破産等の経済的理由	2,390(7.6)
父母の不和	252(0.8)	母の精神疾患等	3,197(10.1)	児童の問題による監護困難	1,047(3.3)
父の拘禁	563(1.8)	父の放任・怠だ	654(2.1)	その他	2,674(8.5)
母の拘禁	1048(3.3)	母の放任・怠だ	3,707(11.7)	不詳	631(2.0)

出典）厚生労働省　2009　「児童養護施設入所児童等調査結果の概要（平成20年2月1日現在）」をもとに筆者作成

否」の構成割合を合計すると，33.1％となっており，大きな割合を占めている。その他にも，父母の精神疾患（10.7％），父母の就労（9.7％），破産等の経済的理由（7.6％）等の理由も多い。児童養護施設在所児の中で虐待経験がある児童の割合は，2008年2月1日現在の厚生労働省の調査では，53.4％となっており，児童養護施設に在所中の約半数の児童が虐待の経験をもっている。虐待の中身については，複数回答で，ネグレクトが66.25％で最も多く，身体的虐待（39.8％），心理的虐待（20.4％），性的虐待（3.9％）と続いている。児童養護施設入所時の保護者の状況としては，実父母や養父母（両親または一人親）がいる場合が83.2％，両親ともいない場合が8.6％であり，大多数は親がいる状況で養護問題が発生し，入所にいたっている。

　児童養護施設の形態としては，大きく分けて1舎あたりの定員数が20人以上の大舎施設，13人以上19人以下の中舎施設，12人以下の小舎施設がある。このうち大舎施設の割合は75.8％（2008年3月現在）と約7割を占めている。家庭的な雰囲気に近い環境で児童を育成するために，施設の小規模化が求められており，小規模グループケアや地域小規模児童養護施設等の小規模ケアの形態も制度化され実施されている。

　児童養護施設には，児童指導員や保育士，心理療法担当職員等がおり，児童の生活指導や心のケアなどにあたっている。入所児童の中には被虐待経験を有する児童が多く，その影響により愛着の問題を抱えている場合も多い。そのような児童の特徴として，初対面の相手に対して人見知りをしないで，誰に対してもべたべたとかかわる無差別的愛着傾向や，相手をわざと怒らせるような言動をして再び虐待を受けてしまうような虐待的人間関係を再現する傾向等を有している場合がある。また，入所児童の中には，知的障害，広汎性発達障害，ADHD等の何らかの障害をもった児童が含まれており，厚生労働省の調査（2008年2月1日現在）では，全入所児童のうち，23.4％の児童が何らかの障害をもっているとされる等，専門的なかかわりを必要とする児童が多い。児童福祉施設最低基準によって職員の配置基準が定められているが，現在の職員の配置状況では職員1人あたりの担当児童数が多く，児童に対して細やかなかかわりを行なうには限界があるし，職員1人あたりにかかる負担は大きく，職員のバーンアウトの問題も大きな課題の1つである。

4．青少年の心の支援と少年鑑別所
(1) 少年法

　少年法ではその目的を，「少年の健全な育成を期し，非行のある少年に対して性格の矯正及び環境の調整に関する保護処分を行うとともに，少年の刑事事件について特別の措置を講ずる（少年法第1章総則第1条）」こととすると述べられている。ここでいう「少年」とは，20歳に満たないものをいい，「成人」とは満20歳以上の者をいう。また，非行少年とは，14歳未満で法に触れる行為をした触法少年，14歳以上20歳未満の犯罪を犯した犯罪少年，犯罪をするおそれのある20歳未満の虞犯少年を指す。

　成人との大きな違いとしては，「虞犯」といって，実際には犯罪を犯していなくても，今後非行に向かう虞（おそれ）が強い場合，警察段階で立件，送致することができることである。警察で立件した事件は，一部を除いて検察庁を経由して家庭裁判所に送致される（表4-5）。比較的軽い事件は，書類だけが裁判所に送られ，裁判所からの呼び出しに応じて少年や保護者が裁判所に出向き，審判を受けるが，重大事件や少年の生活環境が極端に乱れている場合，少年の資質に大きな問題があると判断される場合には，通常，観護措置処分の決定を受け少年の身柄は少年鑑別所に送致される。

表4-5　家庭裁判所の審判に付される少年

1．罪を犯した少年
2．14歳に満たないで刑罰法令に触れる行為をした少年
3．次に掲げる事由があつて，その性格又は環境に照して，将来，罪を犯し，又は刑罰法令に触れる行為をする虞のある少年
　　イ　保護者の正当な監督に服しない性癖のあること。
　　ロ　正当の理由がなく家屋に寄り附かないこと。
　　ハ　犯罪性のある人若しくは不道徳な人と交際し，又はいかがわしい場所に出入すること。
　　ニ　自己又は他人の徳性を害する行為をする性癖のあること。

家庭裁判所は，前項第2号に掲げる少年及び同項第3号に掲げる少年で14歳に満たない者については，都道府県知事又は児童相談所長から送致を受けたときに限り，これを審判に付することができる。

出典）「少年法」第2章第1節第3条より

(2) 少年鑑別所

　少年鑑別所では，通常は2～4週間，最長で8週間収容することができ，そ

の間に少年の資質，性行などが鑑別され，調査，審判の参考とされる。また，審判に向けて心情安定を図りながら，少年が心安らかに審判を受けられるように処遇する。

少年鑑別所では主に，鑑別技官と法務教官が直接少年の処遇にあたる。鑑別技官により専門的な検査，面接，調査を行ない，知能や性格などの資質上の特徴，その少年が非行に走るようになった原因，今後の更生に向けた処遇の指針などを明らかにする。鑑別技官は高い面接技術や検査への熟練が求められる。この結果は，「鑑別結果通知書」として家庭裁判所に送付される。

法務教官は少年の日常生活について主に処遇を行なう。鑑別所内の生活に不慣れな少年は精神的に不安定になりやすいため，面接や相談助言を通して心情の安定を図る。また，規則正しい生活を送るための生活指導なども行なう。少年と接する時間が最も長いのが法務教官でもあるため，少年のもつ問題性や今後の更生に向けた改善の可能性を探り，その資質の鑑別に役立つような行動観察も重要な役割となる。

(3) 少年の処遇

家庭裁判所における審判をうけた少年は，一般的に保護観察，少年院送致，児童自立支援施設送致，不処分などに付される。事件の内容などから成人並みの扱いが適当だと考えられる場合には，検察官送致（逆送）となり，地方裁判所で裁判を受ける。実刑判決が出た場合には，少年院ではなく，少年刑務所に送られる。

少年鑑別所に入所する少年たちは思春期にかかる年代である。思春期は「第2次反抗期」や「心理的離乳」の時期ともいわれ，精神的に非常に不安定になることが知られている。未成年であり養育環境からの影響を大きく受ける時期でもあることから，少年の特性だけでなく，保護者やその養育環境も考慮しながらのかかわりが必要となる。10代という人格形成において最も重要な時期でもあるため，教育的なかかわりも必要となるが，一方的な指導や侵襲的な態度では少年側からの強い抵抗を受け，少年理解が困難となり，少年にとっても大人社会への不信が募る。非行へ走らざるをえなかった少年の心情を理解しつつ，反省を促し，社会のルールを守る意義を教えるなど，多様な役割をあわせもつのが矯正の分野である。

5．大学生の心の支援と学生相談室

　学生相談室は，学生たちの様々な相談に応じるために大学内に設置されている相談援助機関である。最近では4年生大学の9割ぐらいに設置されているが，学内での位置づけや名称は，各大学の規模や私学か国公立かによっても異なる。所属についても，学生部内に置かれているものや保健管理センター内のもの，研究所形態のものなど，各大学によって様々である。

　学生相談室の運営の仕方としてもいろいろな立場があるが，その多くは相談活動が中心である。学生相談室のスタッフは，カウンセラー（臨床心理士など），受付や予備面接をするインテーカー，大学教員，精神科医，事務員などである。学生相談室の仕事の内容は，実際に学生と面接をし相談を受けたり，教員や家族に助言をしたり，学外の医療機関に紹介をしたり，他部署や機関と連携をとることもある。

（1）学生はどんなことで悩んでいるのか

　「学生支援情報データベース」(2005) によると，以前に比べて特に増加していると思われる学生相談の内容としては，①対人関係（家族・友人・知人・異性関係），②精神障害（神経症またはノイローゼ，躁鬱病，統合失調症等）や心理・性格（アイデンティティ，セルフコントロール等），③修学上の問題や進路・就職，④発達障害（アスペルガー症候群，ADHD（注意欠陥多動性障害），LD（学習障害））等に関する相談，⑤その他（摂食障害，適応障害，ストーカー問題等）などである。

　この他にも，薬物依存や自殺企図，不登校やひきこもり，経済的な問題などがあげられている。このように，現在の大学生の悩みは多様化しており，見方を変えれば，社会の不安定さや時代の状況を写す鏡ともいえる。どれか1つの悩みというよりも，複数の悩みがあって相談する，ということも少なくないといえよう。

　近年，学生相談における臨床心理士の活動の場が広がっている。日常の面接におけるカウンセリングの技法だけでなく，学生の援助をするために必要な臨床心理学や発達心理学，精神医学などの幅広い知識も求められているといえよう。さらに，学生にとって必要な援助は何であるのかを判断したり，様々な問題に対して，柔軟に対応することも求められているといえよう。

面接をしたうえで，メンタル面でのサポートが必要であるのか，医療機関での治療が必要なのか，という判断に迫られる場面も多くある。生命の危険が心配される場合は，学生の家族や関係者に連絡をとることも必要であるし，医療の治療を受けながらも，同時に学生相談室でカウンセリングを受けたいという学生もいるであろう。その意味で，カウンセラーの対応はとても重要になってくるといえる。

（2）学生相談室で行なわれていること

　学生相談室での相談活動は，基本的にはカウンセラーと学生の個人面接で行なわれるが，場合によっては，友人と一緒に来談したり，家族と一緒に来談する場合もある。不登校やひきこもりの場合，学生本人が来談できないことも多く，家族に対する助言なども行なわれている。ふだんのカウンセリングの内容については，カウンセラーによって，いろいろなアプローチの仕方がある。最近では，認知行動療法なども学生相談で行なわれている。

　カウンセリング以外にも，相談者の学生にかかわる教職員や，家族などに対するコンサルテーションも行なわれる場合がある。個人の面接だけでなく，一緒に食事をしたり，何かを製作したりということをしながら，グループワークを通しての友人づくりを行なっているところもある。

　その他にも，「居場所」としての「サロン」の役割もある。ゆったりとした音楽が流れる中で，読書をしたり，勉強したり，自由に過ごせる空間としてサロンは利用されている。近年は「大学全入時代」ともいわれ，各大学は多様な学生を受け入れるようになった。このような状況をうけて，学生相談室は，学生や大学コミュニティのより多様なニーズに応えることが期待されている。

　エリクソン（Erikson, 1964）は，青年期そのものが人生の中で，最も冒険に満ちた時期であることを指摘した。青年期は「自分探し」の時期ともいわれている。学生相談室は，このような学生たちの自己理解の場であり，他者とのかかわりについて見つめる場所でもある。

図4-4　学生相談室

6．大人の心の支援と医療機関
（1）精神科，神経内科，心療内科の違いとその特徴

■**精神科**　心の病や症状などの精神疾患を主に扱う科である。具体的には，不安，不眠，抑うつ，幻覚，幻聴，妄想などがある場合である。1人あたりの診療時間や薬の使用など担当医師の判断によって様々である。

■**神経内科**　脳血管障害やパーキンソン病など脳神経系の疾患を扱う。脳や神経系などに明らかな原因をみることができるものである。身体の動きがおかしい，ふるえる，力が入らないなどの場合には神経の異常が疑われる。

■**心療内科**　主に心身症を扱う。心身症とは心の病ではなく，身体疾患である。身体の症状を訴えている場合に受診する科であるため，内科の一部と考えることもできる。身体症状について検査しても異常がない，またはストレスが関連していると思われる場合には受診する。

　施設によって独自の方針をもっているところもあり，上述したような分類があてはまらない場合もある。

　精神科や心療内科では，主治医がその必要性を認めた場合に，知能検査や心理検査，継続面接（カウンセリング）を心理士に依頼してくることがある。検査には様々なものがあり，病院やクリニックに勤務する心理士は検査に対する幅広い知識や熟練が求められる（表4-6）。

表4-6　病院などで行なう主な検査

知能検査	神経心理学検査	心理検査
ビネー式知能検査 ウェクスラー式知能検査 K-ABC ITPA	ウィスコンシン・カード・ソーティングテスト ベントン視覚記銘検査 WAB失語症検査 ベンダー・ゲシュタルト・テスト	質問紙：MMPI，Y-G性格検査，MPI，TEGなど 投影法：ロールシャッハ，TAT，描画法など
乳幼児発達検査	認知症の査定	精神状態を把握するための質問紙
新版K式発達検査 遠城寺式乳幼児分析的発達検査	改訂版長谷川式簡易知能評価スケール（HDS-R） MMSE（Mini-Mental State Questionnaire）	MAS（顕在性不安尺度） STAI（状態-特性不安検査） SDS（自己評価式抑うつ尺度） GHQ（一般精神健康調査票）

　心理面接では，技法の選択や期間の設定などはその事例によって異なるが，クライエントの抱える問題や症状のみならず，年齢や特性などを考慮した技法

の選択が行なわれる。初回面接では，病態水準や自我状態の見立て，必要に応じて査定面接などを行ない，今後の面接計画を立てる。面接開始時には，インフォームド・コンセントに留意しながら治療契約を行なうことが重要である。治療の過程では見立ての修正を適宜行ないながら進めていく。終結間際には，見捨てられ不安などが生じる場合もあるため，その後のフォローも含めた終結が望ましい。事例によっては適切なスーパービジョンを受けることも重要である。

心理士は，検査やカウンセリング場面での様子，セラピストとして感じた事などを適宜医師に報告することで，医師の患者理解を助けるという大きな役割を担っている。管理医と心理士がそれぞれの役割を共同で果たす二重化された構造は，A-Tスプリットとよばれ，特に境界例の治癒に適しているとされる。

（2）病院とクリニックの違いとその特徴

病院とは，20床以上の入院施設をもち，外来診察を行なう医療機関のことをいう。入院の可能性がある場合には，初めから病院を受診しておくとそのまま入院できる為，むだがない。大学病院や総合病院では別の科での検査なども同時に行なえるというメリットもある。病院では多くの役割をもつ職員がおり，その連携も重要となる。心理士は，担当している患者のケアだけでなく，担当医や看護師，作業療法士，理学療法士などとの連携も欠かせない。面接中に医師や看護師に対する不満を訴える患者もいるため，共感しつつ話を聞きながらも，必要な情報を医師や看護師に伝えることで，互いの患者理解がさらに深まる。現場や判定会議などでは，積極的にリエゾン機能（橋渡し役）を果たすことも求められるため，積極的かつ柔軟な対応力や，裏から支えるといった役割を自覚することが重要である。

クリニックは診療所ともいう。駅前などに構えてあることも多く，身近で気楽に入りやすい医療機関である。入院施設がないところが多く，通院での治療を中心に行なっている。診療時間は，夜間・休日にも行なっているところが多く，働く社会人にとっては，非常に利用しやすい医療機関である。クリニックによっては，専門の心理士を置き，必要に応じて病院と同様に心理検査，知能検査，心理面接を行なっているところもある。クリニックには専門性をもつものと，診断治療や健康相談などを主に行なうものとがある。

7．大人の心の支援とリハビリテーションセンター

　リハビリテーションとは，2002年の障害者基本計画によれば，「障害者の身体的，精神的，社会的な自立能力向上を目指す総合的なプログラムであるとともに，それにとどまらず障害者のライフステージのすべての段階において全人間的復権に寄与し，障害者の自立と参加を目指すとの考え方」と定義している。

　リハビリテーションの実施施設には，国立障害者リハビリテーションセンター等のように，医療，自立訓練，就労移行支援，リハビリテーション技術に関する研究，リハビリテーション専門職の養成等，リハビリテーションに関する機能を1つの施設で総合的に行なっている施設もあるが，それぞれの機能を個別に行ない，他の関連する施設と連携をとりながら，障害者に対する総合的なリハビリテーションを実施している施設もある等，運営形態は様々である。

　障害の原因となる疾患としては，脳血管障害や頭部外傷，脊髄損傷，変形性関節症，四肢切断，脳性麻痺，統合失調症等の精神疾患等，様々なものがある。

　リハビリテーションは医学的リハビリテーション，職業的リハビリテーション，社会的リハビリテーション，教育的リハビリテーションの4つの側面に区分して考えることができる。

　医学的リハビリテーションは，急性期，回復期，維持期の3段階に分けて考えられる。患者が疾病や外傷により入院してから離床までに行なわれるのが急性期リハビリテーションである。ベッドで寝たきりになるなどして身体を使わない状態が続いた結果，筋力低下や関節拘縮，褥瘡，うつ状態等の身体や精神に生じる機能低下の症状は廃用症候群とよばれるが，この廃用症候群を予防することが急性期リハビリテーションの中心課題となる。患者の状態が急性期の段階を経て安定期に入ると回復期となり，発生した障害をできる限り軽減させるため，理学療法や作業療法，言語聴覚療法等の機能回復訓練が集中して行なわれる。機能が一定のレベルまで向上し，社会生活への移行の段階に入ると，維持期になる。急性期リハビリテーション，回復期リハビリテーションの段階で獲得したADL（日常生活活動）機能を維持，向上させることが目標となる。

　職業的リハビリテーションは，障害者の就職や復職の支援に関するものである。障害者の職業能力や適性等を評価する職業評価，障害者の職業選択や職業に対する適応性を増加させるための職業指導，職業に必要な技能や知識を習得

する職業訓練，障害者が自分に合った職業を探すことを援助する職業斡旋，一般就労が困難な障害者が，特別に配慮された保護的環境のもとで雇用される保護雇用，上記のような支援が適切に行なわれたかどうかを評価する追跡調査（フォローアップ）がある。

　社会的リハビリテーションは，介護サービス，デイサービス等の社会福祉サービスの利用を援助したり，住宅や地域の生活環境を整備したり，地域のレクリエーション活動等の社会活動への参加を援助したりする。

　教育的リハビリテーションは，障害児の教育について，機能の回復や自立のための準備，就労への移行等を中心的な課題として行なうものである。具体的には，特別支援学校や特別支援学級で行なわれる特別支援教育があげられる。

　リハビリテーションは，多くの専門職同士による共同作業として行なわれており，これはチームアプローチとよばれている。チームアプローチにおいては，各専門職同士が協調し，1つの共通する目標に向かって，共同作業を進めることが重要である。専門職には，医師，理学療法士，作業療法士，言語聴覚士，臨床心理士，看護師，保健師，医療ソーシャルワーカー，社会福祉士，精神保健福祉士，介護福祉士，義肢装具士，保育士等がある。

　臨床心理士は，知能検査，神経心理学的検査，人格検査等の各種心理検査を実施したり，心理療法や，家族に対する心理教育等を実施している。

　患者がリハビリに積極的，主体的に取り組むためには，自己の障害を客観的に理解する障害への気づきが必要であるが，高次脳機能障害等の患者の中には，障害への気づきがない場合も多く，気づきを支援するかかわりが必要になる。また，自身の障害を自覚してから，障害を受け入れて前向きに人生を生きていけるようになるまでには，患者の中に不安，抑うつ感，怒り，依存などの様々な感情が強く生じてくる。それらの感情をスタッフや家族等にぶつけてくることも多い。患者だけでなく，家族の精神的ストレスも大きいため，家族への心理的援助も忘れてはならない。患者の感情を受容しようとする中で，スタッフの心の中には患者に対する様々な感情が生じてくるが，これらの感情により，患者との関係が阻害されることもある。自身の中に生じる感情から目をそむけずに，認識しておくことが必要である。

■引用・参考文献■

Axline, V. M.（1947）.*Play Therapy*. Houghthon Mifflin. 小林治夫（訳）（1959）. 遊戯療法　岩崎学術出版社
中央法規出版編集部（2010）. 五訂社会福祉用語辞典　中央法規出版
Curwen, B. Palmer, S. & Ruddell, P.（2000）*Brief Cognitive Behaviour Therapy*. Sage Publications Ltd. 下山晴彦（監訳）（2004）. 認知行動療法入門——短期療法の観点から——　金剛出版
榎本和彦（2008）. ローエンフェルドの世界技法の概観——箱庭療法との比較——　南山大学アカデミア自然科学・保健体育編，14. 31-47.
Erikson, E. H.（1964）. *Insight and Responsibility*. NewYork：Norton.
学生支援情報データベース（2005）.「大学等における学生生活支援の実態調査」
橋本やよい（2000）. 母親の心理療法——母と水子の物語——　日本評論社
橋本洋子（2000）. NICUとこころのケア——家族のこころによりそって——　メディカ出版
林　勝造・国吉政一・一谷　彊（1970）.〔補遺〕日本におけるバウム・テストの研究　バウム・テスト解釈の基礎　林　勝造・国吉政一・一谷　彊（訳）．バウム・テスト——樹木画による人格診断法——　日本文化社　p. 135.
弘中正美（2000）. 遊びの治療的機能について　日本遊戯療法研究会（編）遊戯療法の研究　誠信書房　pp. 17-31.
弘中正美（2002）. 遊戯療法と子どもの心的世界　金剛出版
弘中正美（2005）. 遊戯療法とその豊かな可能性について　河合隼雄・山王教育研究所（編）遊戯療法の実際　誠信書房　pp. 1-21.
星野　命（1989）. 自叙伝法・二〇答法　星野　命（編）性格心理学新講座6　ケース研究——個性の形態と展開——　金子書房
藤川　麗（2007）. 臨床心理のコラボレーション　東京大学出版会
福田真也（2007）. 大学教職員のための大学生のこころのケアガイドブック　金剛堂出版
入江　茂（1993）. コラージュの成立とその展開　山中康裕・入江　茂・杉浦京子・森谷寛之（編）コラージュ療法入門　創元社　pp. 15-25.
石隈利紀・田村節子（2003）. 石隈・田村式援助シートによるチーム援助入門——学校心理学・実践編——　図書文化
伊藤隆一（2008）. SCT（文章完成法検査）　松原達哉・木村周・桐村晋治・平木典子・楡木満生・小澤康司（編）産業カウンセリング辞典　金子書房　pp. 31-33.
伊藤友八郎（1999）. 図解　エゴグラムが見る見るわかる——36のパターンで心が見える——　サンマーク出版
片口安史・早川幸夫（1989）. 構成的文章完成法［K-SCT］解説　日本総合教育研究会
河合隼雄（編）（1969）. 箱庭療法入門　誠信書房
河合隼雄（1984）. 風景構成法について　山中康裕（編）H. NAKAI風景構成法　中井久夫著作集別巻　岩崎学術出版社　pp. 245-259.
角野善宏（2004a）. イメージを描く技法　皆藤　章（編）臨床心理査定技法2　誠信書房　pp. 181-205.
角野善宏（2004b）. 描画療法から観たこころの世界　統合失調症の事例を中心に　日本評

論社
皆藤　章（1994）．風景構成法──その基礎と実践──　誠信書房
木村晴子（1985）．箱庭療法──基礎的研究と実践──　創元社
岸本寛史（2005）．『バウムテスト第三版』におけるコッホの精神　山中康裕・皆藤　章・角野善宏（編）京大心理療法シリーズ1──バウムと心理臨床──　創元社　pp. 31-54.
小林哲郎（2004）．イメージをことばにする技法　皆藤　章（編）臨床心理査定技法2　誠信書房　pp. 102-135.
Koch, C. (1952). *The Tree Test: The Tree-Drawing Test as an aid in psychodiagnosis*. Hans Huber.　林　勝造・国吉政一・一谷　彊（訳）（1970）．バウム・テスト──樹木画による人格診断法──　日本文化科学社
Koch, K. (1957). Der Baumtest: der Baumzeichenversuch als Psychodiagnostisches Hilfsmittel 3. Auflage Verlag Hans Hubler, Bern.　岸本寛史・中島ナオミ・宮崎忠男（訳）（2010）．バウムテスト［第3版］──心理的見立ての補助手段としてのバウム画研究──　誠信書房
厚生労働省（2008）．平成19年度社会的養護施設に関する実態調査中間報告書（平成20年3月1日現在）厚生労働省　雇用均等・児童家庭局　家庭福祉課
厚生労働省（2009）．児童養護施設入所児童等調査結果の概要（平成20年2月1日現在）厚生労働省雇用均等・児童家庭局
厚生労働省（2010）．児童相談所運営指針　厚生省児童家庭局長
厚生労働省（2010）．平成21年社会福祉施設等調査結果の概況　大臣官房統計情報部社会統計課
厚生労働省（2010）．平成21年度福祉行政報告例結果の概況　大臣官房統計情報部社会統計課
小山　望（1994）．ロジャーズの人間中心理論　長谷川浩一（編）心の健康を考える──臨床心理学トゥディ──　ミネルヴァ出版　pp. 32-37.
京極髙宣・坂本洋一（2009）．社会的リハビリテーション　伊藤利之・京極髙宣・坂本洋一・中村隆一・松井亮輔・三澤義一（編）リハビリテーション事典　中央法規出版　pp. 185-187.
松爲信雄（2009）．職業リハビリテーション　伊藤利之・京極髙宣・坂本洋一・中村隆一・松井亮輔・三澤義一（編）リハビリテーション事典　中央法規出版　pp. 251-258.
松井律子（1992）．風景構成法の読み方　精神科治療学，**7**(3)，229-236.
松下姫歌（2005）．精神病院での心理臨床におけるバウムの意味について　山中康裕・皆藤　章・角野善宏（編）京大心理療法シリーズ1──バウムと心理臨床──　創元社　pp. 248-275.
Mindell, A. (1995) *Sitting in the Fire: Large Group Transformation Using Conflict and Diversity*. Lao Tse Pr.　永沢　哲（監）青木　聡（訳）（2001）．融合の炎──融合の炎のワーク──　講談社現代新書　pp. 8-29.
三澤義一（2009）．教育的リハビリテーション　伊藤利之・京極髙宣・坂本洋一・中村隆一・松井亮輔・三澤義一（編）リハビリテーション事典　中央法規出版　pp. 199-200.
文部科学省（2005）．大学における教育内容等の改革状況について　文部科学省ホームページ

諸富祥彦（1997）．カール・ロジャーズ入門――自分が"自分"になるということ――　コスモス・ライブラリー
中井久夫（1976）．"芸術療法"の有益性と要注意点　芸術療法, 7, 55-61.
中井久夫（1992）．風景構成法　精神科治療学, 7(3), 237-248.
中村隆一（2009）．リハビリテーションの歴史・概念　伊藤利之・京極髙宣・坂本洋一・中村隆一・松井亮輔・三澤義一（編）リハビリテーション事典　中央法規出版　pp. 2-11.
中村隆一（編）（2009）．入門リハビリテーション概論　第7版　医歯薬出版
日本学生相談学会50周年記念編集委員会（編）（2010）．学生相談ハンドブック　学苑社
西平直喜・吉川成司（編）（2000）．自分さがしの青年心理学　北大路書房
小木曽宏・宮本秀樹・鈴木崇之（編）（2007）．よくわかる養護内容・自立支援　ミネルヴァ書房
岡　昌之（2004）．クライエント中心療法の発想と技術　伊藤良子（編）臨床心理面接技法1　誠信書房　pp. 95-141.
小此木啓吾（1998）．改訂心の臨床家のための精神医学ハンドブック　創元社
大野　裕（2003）．こころが晴れるノート――うつの不安の認知療法自習帳――　創元社
大山康宏（2004）イメージを語る技法　皆藤　章（編）　臨床心理査定技法2　誠信書房　pp. 51-99.
Papousek, M.（2008）．Irving B. Harris 特別講演：乳幼児の自己調節能力――乳幼児精神保健における発達障害の隠された資源――　第11回世界乳幼児精神保健学会世界大会日本語抄録集　pp. 5-6.
齋藤憲司（2006）．学生相談の新しいモデル　臨床心理学, 6(2).
清水信介（2003）．箱庭療法　山中康裕（編）心理療法プリマーズ　表現療法　ミネルヴァ書房　pp. 141-160.
白川佳代子（2001）．子どものスクィグル――ウィニコットと遊び――　誠信書房
杉原保史（1988）．ロールシャッハテスト　山中康裕・山下一夫（編）　臨床心理テスト入門　東山書房　pp. 194-212.
杉浦京子（2002）．臨床心理学講義――実習を通して学ぶ――　朱鷺書房
杉山善郎（1996）．認知能力の査定　岡堂哲雄（編）新版心理臨床入門――臨床心理士をめざす人のために――　新曜社　pp. 73-88.
高橋雅春・高橋依子（1986）．樹木画テスト　文教書院
高石恭子（1996）．風景構成法における構成型の検討――自我発達との関連から――　山中康裕（編）風景構成法――その後の発展――　岩崎学術出版社　pp. 239-264.
高石恭子（2007）．現代女性の母性観と子育て意識の二重性　高石恭子（編）心の危機と臨床の知8――育てることの困難――　人文書院　pp. 169-192.
苫米地憲昭（2006）．大学生――学生相談から見た最近の事情――　臨床心理学, 6(2), 169-192.
東京大学医学部心療内科TEG研究会（編）（2002）．新版TEG　解説とエゴグラム・パターン　金子書房
東京大学医学部心療内科TEG研究会（編）（2006）．新版TEG II　実施マニュアル　金子書房
豊倉　穣・石田　暉（2006）．リハビリテーション医療の急性期・回復期・維持期　石神重信・石田　暉・江藤文夫，宮野佐年（編）米本恭三（監）最新リハビリテーション医

学　第2版　医歯薬出版　pp. 11-16.
椿原彰夫（2006）．リハビリテーションの理念と障害学　石神重信・石田暉・江藤文夫，宮野佐年（編）米本恭三（監）最新リハビリテーション医学　第2版　医歯薬出版　pp. 5-10.
上野一彦・海津亜希子・服部美佳子（編）（2005）．軽度発達障害の心理アセスメント——WISC-Ⅲの上手な利用と事例——　日本文化科学社
渡辺俊之・本田哲三（編）（2007）．リハビリテーション患者の心理とケア　医学書院
山縣文治（編）（2008）．よくわかる子ども家庭福祉　ミネルヴァ書房
山中康裕（1984）．〈風景構成法〉事始め　山中康宏（編）　H. NAKAI風景構成法　中井久夫著作集別巻　岩崎学術出版社　pp. 1-36.
山中康裕（2003）．心理療法としての表現療法　山中康裕（編）　心理療法プリマーズ　表現療法　ミネルヴァ書房　pp. 1-7.

人名索引

●A
エインズワース（Ainsworth, M.D.S.） 46
秋山泰子 39
アントヌッチ（Antonucci, T.C.） 135
アスペルガー（Asperger, H.） 76
アクスライン（Axline, V.M.） 148

●B
ベック（Beck, A.T.） 13
バーン（Berne, E.） 156
ビネー（Binet, A.） 140
ブラック（Black, C.） 123
ブランケンブルク（Blankenburg, W.） 19
ブロイラー（Bleuler, E.） 19
ボウルビィ（Bowlby, J.） 44, 46
ビューラー（Buhler, C.） 150

●C
キャッテル（Cattell, R.B.） 130
シャルコー（Charcot, J.A.） 5

●D
ダウリング（Dowling, C.） 109
ダウン（Down, J.L.H.） 52
デュセイ（Dusay, J.M.） 157

●E
エリクソン（Erikson, E.H.） 20, 21, 23, 99, 108, 131, 181

●F
フロイト（Freud, S.） 4
フリードマン（Friedman, M.） 120
藤岡孝志 67
深谷昌志 28
古沢平作 6

●G
ジェンドリン（Gendlin, E.T.） 165

●H
長谷川智子 32
橋本やよい 152
橋本洋子 155

林　邦雄 48
イルゴイエンヌ（Hirigoyen, M-F.） 114
弘中正美 148
広田照幸 69
帆足英一 34
ホーン（Horn, J.L.） 130

●I
石井正三 36
石隈利紀 88, 90
伊藤友彦 43

●J
ユッカー（Jucker, E.） 160
ユング（Jung, C.G.） 23, 99, 168

●K
カーン（Kahn, R.L.） 135
カルフ（Kalff, D.M.） 150
金子一史 38
カナー（Kanner, L.） 74
笠原　嘉 106
河合隼雄 22, 150
菊池義一 60
カイリー（Kiley, D.） 109
キム・オクギョン 49
カーク（Kirk, S.） 70
コッホ（Koch, C.） 160
國分康孝 82
神山　潤 36
クレペリン（Kraepelin, E.） 16
クリスタル（Krystal, H.） 18

●L
レヴィンソン（Levinson, D.J.） 99
リヴィー（Levy, T.M.） 46
ローレンツ（Lorenz, K.） 8
ローエンフェルド（Lowenfeld, M.） 150

●M
鈎　治雄 20, 60, 61
マーラー（Mahler, M.S.） 44
マーシャ（Marcia, J.E.） 22
マズロー（Maslow, A.H.） 131
松本源太郎 6
メスメル（Mesmel, F.A.） 5
モーガン（Morgan, C.D.） 13
元良勇次郎 5

マレー（Murray, H.A.）　13

●N
中井久夫　144
中根　晃　41, 42
西　周　5

●O
小川素子　37
小此木啓吾　108
太田龍朗　36
大山康宏　158

●P
パポウシェク（Papousek, M.）　155
ピット（Pitt, B.）　112

●R
ロジャーズ（Rogers, C.）　164
ロジャーズ（Rogers, C.R.）　4, 6
ロールシャッハ（Rorschach, H.）　158

●S
瀬川　晃　68
セリグマン（Seligman, M.E.P.）　26, 27, 31

島井哲志　26
下山晴彦　3, 7
ジークフリート（Siegfried, M.P.）　52
シフニオス（Sifneos, P.E.）　18
サリバン（Sullivan, H.S.）　169

●T
高木四郎　38
高石恭子　146
田中真介　37
田中康雄　38
鑪　幹八郎　2, 5
友田不二男　6

●W
ウォルターズ（Walters, P.A.Jr.）　106
ウェクスラー（Wechsler, D.）　140
ウィング（Wing, L.）　76
ウィニコット（Winnicott, D.W.）　20, 171
ウィトマー（Witmer, L.）　5

●Y
山中康裕　168
吉田照延　57

事項索引

●あ
ICD-10　15, 32
愛着（アタッチメント）　44
愛着障害　46
愛着のパターン　46
愛着理論　46
アイデンティティ　21, 108
アスペルガー症候群　76
アセスメント　11, 90
遊び型非行　68
アダルト・チルドレン　123
アルコール依存症　122
アレキシサイミア　58
アンガーマネージメント　87
安全基地　20
アンダーアチーバー　60
安定型　46

●い
育児能力　153
いじめ　64, 173
一過性チック　58
インテーク　11

●う
ウィングの「3つ組」　74
ウェクスラー式知能検査（WISC）　140
うつ病　118

●え
A（adult，大人）　156
AC（adapted child，順応した子ども）　156
ADHDの特徴　72
A-Tスプリット　183
エクスナー（Exner）法　158
エゴグラム　13
NP（nurturing parent，養育的親）　156
エビデンスベイスト・アプローチ　7
FC（free child，自由な子ども）　156

●お
汚言症　58
オーバーアチーバー　60

●か
外因性　16
絵画統覚検査　13
外傷後ストレス障害　27
外傷後成長　27
概日リズム睡眠障害　36
回避型　46
解離性同一性障害　19
学業不振　60
学業不振児　61
学業優秀児　61
学習障害（LD）　60, 70
学習遅進児　60
拡充法　151, 171
学校保健統計調査　56
家庭内暴力　102
空の巣症候群　127
加齢　130
過労死　121
感覚統合訓練　75
観察法　12
緘黙症　48
関与しながらの観察　169

●き
吃音　42
基本的な信頼感　20
虐待　153, 175, 176
虐待的人間関係　177
虐待の世代間転移　63
キャリア教育　84
共感的理解　165
教師のメンタルヘルス　93
教師へのカウンセリング　93
強迫神経症　17
強迫性障害　59
恐怖症　17
勤勉性　21

●く
空間象徴　151, 161
グリュンヴァルドの空間図式　161
クレーン現象　75
クロッパー（Klopfer）法　158

●け
芸術療法（アートセラピー）　168
形態水準　158

事項索引　193

形態反応　159
形態分析　161
ケースカンファレンス　92
結晶性知能　130
幻覚　19
言語療法　41

●こ

行為障害　73
高機能自閉症　74
構成的グループエンカウンター　82
構成的文章完成法（K-SCT）　142
行動障害　5
行動療法　75
更年期障害　126
高年齢者雇用安定法　124
広汎性発達障害　54,74,76
交流分析　156
高齢者虐待　134
コーディネーション　9,91,92
心の専門家　86
心の理論　74
子育て支援　63
コラージュ療法　171
コラボレーション　89
婚姻率　128
混合型　73
コンサルテーション　9,88

●さ

再接近期　44
サヴァン症候群　77
参加体験型学習法　79
産後うつ病　113
算数障害　70
参与的観察法　12

●し

CP（critical parent，批判的親）　156
CBT　166
自我状態　156
自我の対照の把握　147
自我発達　145
色彩反応　159
四苦八苦　24
自己愛性格　114
自己一致　164
自己実現　131

自殺　118
質問紙法　12
児童虐待　62
児童虐待防止法　62
自動思考　166
自閉症　74
自閉症スペクトラム　74
社会的コンボイ　135
社会的ひきこもり　110
熟年　129
守秘義務　83
小１プロブレム　21
生涯発達　131
障害への気づき　185
情緒障害　48
衝動性　72
常同的な自傷行為　39
少年　178
少年犯罪　69
少年法　69
食行動における問題　32
食物アレルギー　33
食欲過剰　33
食欲不振　32
書字表出障害　70
初発型非行　68
ジョブコア　105
事例検討会（ケースカンファレンス）　92
心因性　16,17
心気症　17
神経系発達障害　54
神経性頻尿　35
心身症　17,182
人生の正午　23
身体的虐待　62
シンデレラ・コンプレックス　109
心理的虐待　62

●す

スクィグル療法　171
スクールカウンセラー　8,66
スクールカウンセラーの導入　86
スクールソーシャルワーカー　9
スチューデント・アパシー　106
ストレスコーピング　87
ストレスチェック　87
ストレスマネジメント　87

●せ
生活型非行　68
精神遅滞（知的障害）　5,50
精神遅滞の程度　51
精神発達遅滞　50
性的虐待　62
成年後見人制度　135
生理的早産　44
世界技法（the world technique）　150
世界テスト（world test）　150
世代性　23
摂食障害　106
選択性緘黙症　48
せん妄　16

●そ
躁うつ病　19
ソーシャルスキルトレーニング　87

●た
体験過程　165
第2次反抗期　179
タイプA　120
ダウン症候群　52
多動性　72
多動性・衝動性優位型　73
田中ビネー（式）知能検査　13,141
単純性・運動性チック　58

●ち
チームアプローチ　185
チーム支援　92
遅延聴覚フィードバック法　43
チック　58
知的発達障害　50
知能指数（intelligence quotient：IQ）　15,140
チャムシップ　22
注意欠陥多動性障害　72
中途退学　100
超高齢社会　132

●つ
爪かみ　39

●て
TEACCHプログラム　75
抵抗型　46
ディスレクシア（読字障害）　70

停滞性　23
定年退職　124
適応指導教室　172

●と
投映法　13,160
統合失調症　19,145
動態分析　161
トゥレット症候群　59
ドメスティック・バイオレンス　116

●な
内因性　16,18

●に
ニート　104
20答法（twenty statement test：TST）　143
日常生活動作能力　133
日本心理臨床学会　7
日本精神分析学会　6
乳幼児親子心理療法　153
乳幼児の睡眠のメカニズム　36
認知　166
認知行動療法　119
認知症　132
認知のゆがみ　166

●ね
ネグレクト　62
ネットいじめ　65

●は
配偶者暴力防止法　116
バウムテスト　13
発達指数（developmental quotient：DQ）　141
発達障害　72
発達性音韻障害　41
発達性構音障害（構音障害）　40
母親面接　152
場面緘黙症　48
ハラスメント　114
バランスドアチーバー　60
反抗型非行　68
反抗挑戦性障害　73
犯罪白書　68
反応性愛着障害　47

●ひ
ピア・カウンセリング 80
ピア・サポート 80
ピア・ヘルピング 80
ピーターパン・シンドローム 109
被害者学 27
非行 68, 174
非参加観察法 12
人見知り 20, 44
肥満度 56
頻尿 35

●ふ
フォーカシング 165
フォークロージャー 22
複雑性・運動性チック 58
複雑性・音声チック 58
不注意 72
不注意優位型 73
不登校 66, 100, 172
不登校のタイプ 67
不眠 36
プレイルーム 148
文章完成法（sentence completion test：SCT） 142
分離固体化理論 44
分離不安障害 44

●へ
偏食 33

●ほ
哺育障害 32
保護者の相談 91
保護命令 117
母子一体性 150
ポジティヴ心理学 25, 26
母性神話 153

●ま
マタニティ・ブルー 112
マルトリートメント 62
慢性チック 58

●む
無差別的愛着傾向 177
無条件の肯定的配慮 165
無秩序型 46

●め
メンタルヘルス 93

●も
妄想 19
燃え尽き症候群 121
モラトリアム人間 108

●や
夜驚 37
夜尿症（遺尿症） 34
山びこ反応 20

●ゆ
指しゃぶり 38

●よ
養護教諭 90
抑うつ尺度 13
予防的教育と開発的教育 78

●ら
来談者中心療法 6
ライフサイクル 24
楽観主義 25, 26
ラポール 148

●り
リエゾン機能 173, 183
離婚率 128
リハビリテーション 184
流動性知能 130

●れ
レジリアンス 27, 28
レット障害 54
レット症候群 54
レンタルお兄さん・レンタルお姉さん 111

●ろ
ロールシャッハテスト 13
ローレル指数 56

●わ
Y-G性格検査 13
若者自立塾 105

執筆者一覧（執筆順，＊は編者）

鈎　治雄（まがり　はるお）＊
（創価大学名誉教授）・・・・・・・・・・・・・・・・・・・・・・・・・・・・第1章第1〜3節，5・6節，
　　　　　　　　　　　　　　　　　　　　　第2章第2節1.(3)

立山慶一（たてやま　けいいち）
（航空自衛隊防衛技官・心理療法士）・・・・・・・・・・・第1章第4節

松尾香恵（まつお　かえ）
（創価大学学生相談室カウンセラー・臨床心理士）・・・・・第2章第1節1.(2)・(3)，
　　　　　　　　　　　　　　　　　　　　　第4章第3節5.

佐野明子（さの　あきこ）
（埼玉県児童相談所・臨床心理士）・・・・・・・・・・・・・・・第2章第1節2.

高橋早苗（たかはし　さなえ）＊
（創価大学学生相談室カウンセラー・臨床心理士・教育学博士）・・・・・第2章第1節1.(1)，3.(1)，4.(1)，
　　　　　　　　　　　　　　　　　　　　　第2章第2節1.(1)・(2)，3.

李　和貞（い　ふぁじょん）＊
（立教大学ランゲージセンター兼任講師）・・・・・・・・・第2章第1節3.(2)・(3)，4.(2)・(3)，
　　　　　　　　　　　　　　　　　　　　　第2章第2節2.

加藤秀男（かとう　ひでお）
（英国サリー大学大学院博士課程）・・・・・・・・・・・・・・・第2章第3節1.

岡本一敏（おかもと　かずとし）
（横浜市学校カウンセラー・臨床心理士）・・・・・・・・・第2章第3節2.

山口勝己（やまぐち　かつみ）＊
（元　創価大学教育学部教授・心理教育相談室長・臨床心理士）・・・・・・第3章

久野晶子（くの　あきこ）＊
（帝京平成大学臨床心理センター准教授・臨床心理士）・・・・・第4章第1・2節

髙田裕美（たかた　ゆみ）
（福岡市保健福祉センター・家庭児童相談員）・・・・・第4章第3節1・4・6

吉田功一（よしだ　こういち）
（埼玉県中央児童相談所・臨床心理士）・・・・・・・・・・・第4章第3節2・3・7

【編者紹介】

山口勝己（やまぐち・かつみ）
1976年　大阪教育大学大学院教育学研究科修士課程修了
現　在　元 創価大学教育学部教授，心理教育相談室長（臨床心理士）
主　著　講座／保育内容の実践　総論（分担執筆）　学苑社　1981年
　　　　学生・教師のための教育心理学（分担執筆）　田研出版　1995年
　　　　子ども理解と発達臨床　北大路書房　2007年

鈎　治雄（まがり・はるお）
1976年　大阪教育大学大学院教育学研究科修士課程修了
現　在　創価大学名誉教授（日本特別活動学会副会長，常任理事）
主　著　教育環境としての教師　北大路書房　1997年
　　　　子どもの育成と社会・改訂版（共著）　八千代出版　2003年
　　　　楽観主義は自分を変える　長所を伸ばす心理学　第三文明社　2006年
　　　　お母さんにエール！　楽観主義の子育て　第三文明社　2010年
　　　　はじめて学ぶ教育心理学（編著）　ミネルヴァ書房　2010年

久野晶子（くの・あきこ）
1998年　京都大学大学院教育学研究科博士後期課程単位取得退学
現　在　帝京平成大学臨床心理センター准教授（主任）
主　著　遊戯療法と子どもの今（京都大学心理臨床シリーズ）（分担執筆）　創元社　2005年
　　　　心理臨床における臨床イメージ体験（京都大学心理臨床シリーズ）（分担執筆）　創元社　2007年

高橋早苗（たかはし・さなえ）
2009年　創価大学大学院文学研究科博士後期課程修了
現　在　創価大学学生相談室カウンセラー，創価大学非常勤講師（臨床心理士，教育学博士）
主　著　変貌する学校教育と教師（分担執筆）　東洋館出版　1999年

李　和貞（い・ふぁじょん）
2006年　早稲田大学大学院教育学研究科博士課程単位取得退学
現　在　立教大学ランゲージセンター兼任講師
主　著　プレリュード韓国語（分担執筆）　白帝社　2006年
　　　　はじめて学ぶ教育心理学（分担執筆）　ミネルヴァ書房　2010年

子どもと大人のための臨床心理学

| 2012年 2月10日 | 初版第 1 刷発行 |
| 2023年12月20日 | 初版第 4 刷発行 |

定価はカバーに表示してあります。

編著者　山　口　勝　己
　　　　鈎　　治　雄
　　　　久　野　晶　子
　　　　高　橋　早　苗
　　　　李　　和　貞

発行所　（株）北大路書房

〒603-8303　京都市北区紫野十二坊町12-8
　　電　話　（075）431-0361(代)
　　Ｆ Ａ Ｘ　（075）431-9393
　　振　替　01050-4-2083

©2012　印刷・製本　亜細亜印刷（株）
検印省略　落丁・乱丁はお取り替えいたします。

ISBN978-4-7628-2771-6　Printed in Japan

・ JCOPY 〈(社)出版者著作権管理機構 委託出版物〉
本書の無断複写は著作権法上での例外を除き禁じられています。
複写される場合は，そのつど事前に，(社)出版者著作権管理機構
（電話 03-5244-5088,FAX 03-5244-5089,e-mail: info@jcopy.or.jp）
の許諾を得てください。